Inhaltsverzeichnis

AF197271

1 **Kleine und große Aufgaben: Rechne und ergänze.**

a)

7 + 2 = ____	3 + 5 = ____	4 + 3 = ____
17 + 2 = ____	13 + _____	14 + _____

5 + 1 = ____	6 + 2 = ____	1 + 8 = ____
_____	_____	_____

b)

9 – 4 = ____	8 – 7 = ____	7 – 5 = ____
19 – 4 = ____	18 – _____	17 – _____

6 – 3 = ____	5 – 4 = ____	9 – 6 = ____
_____	_____	_____

2 **Bilde zu jedem Ergebnis 4 Plusaufgaben.**

 8   9   11   10   12   (+)   7   6   5   9   4

Na klar,
8 + 7 = 15.

15
8 + 7

16

17

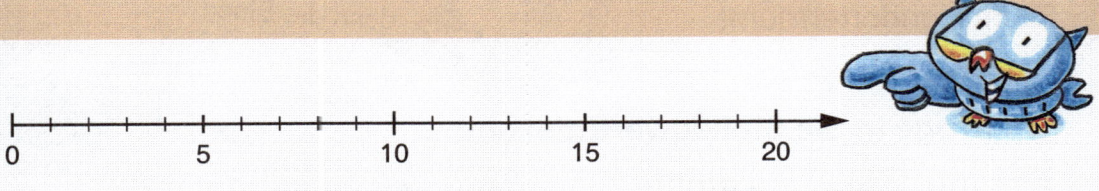

3 Aufgabe und Umkehraufgabe: Rechne und ergänze.

a)

B

6 + 7 = _13_

13 − 7 = ____

8 + 4 = ____

____ − 4 = ____

7 + 9 = ____

____ − 9 = ____

12 + 8 = ____

____

9 + 5 = ____

____

5 + 6 = ____

____

b)

B

19 − 6 = _13_

13 + 6 = ____

15 − 7 = ____

____ + 7 = ____

20 − 4 = ____

____ + 4 = ____

11 − 3 = ____

____

14 − 8 = ____

____

18 − 13 = ____

____

4 Bilde zu jedem Ergebnis 4 Minusaufgaben.

20 19 13
18   9 17

⊖

11   6   10
4   12 15   8

Ja klar, 20 − 11 = 9.

9

20 − 11

7

5

3

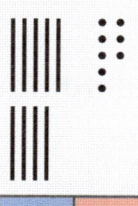

Erst die Zehner, dann die Einer

1 Trage in die Stellenwerttafel ein.

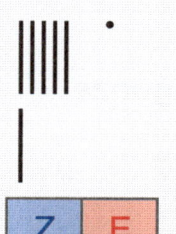

Z	E

Z	E

Z	E

Z	E

Z	E

Z	E

Z	E

Z	E

2 Wie viele Zehner? Wie viele Einer?

B

35 = 3 Z 5 E

63 =

21 =

98 =

47 =

84 =

78 =

23 =

99 =

17 =

56 =

37 =

3 Kleine Knobelei

Welche Zahl hat 6 Zehner und halb so viele Einer? _____

Welche Zahl hat 4 Zehner und doppelt so viele Einer? _____

4 Schreibe die Zahlen auf.

siebenundzwanzig _____   dreiundachtzig _____

achtundneunzig _____   einundvierzig _____

sechsunddreißig _____   zweiundsechzig _____

neunundsiebzig _____   vierundfünfzig _____

fünfundvierzig _____   achtunddreißig _____

5 Zehner und Einer

B

26 = _20_ + _6_	
97 = ___ + ___	
34 = ___ + ___	
81 = ___ + ___	
52 = ___ + ___	

45 = ___ + ___
72 = ___ + ___
59 = ___ + ___
68 = ___ + ___
23 = ___ + ___

___ = 1 + 20
___ = 5 + 50
___ = 8 + 70
___ = 7 + 80
___ = 6 + 90

6 Fülle die Tabelle weiter aus.

B

sprechen	Z	E	zeichnen	zerlegen
fünfundneunzig	9	5	||||| |||| ⋮	95 = 90 + 5
neunundfünfzig				
dreiundsechzig				
sechsunddreißig				
vierundzwanzig				
zweiundvierzig				

5

1 **Welche Zahlen sind es?**

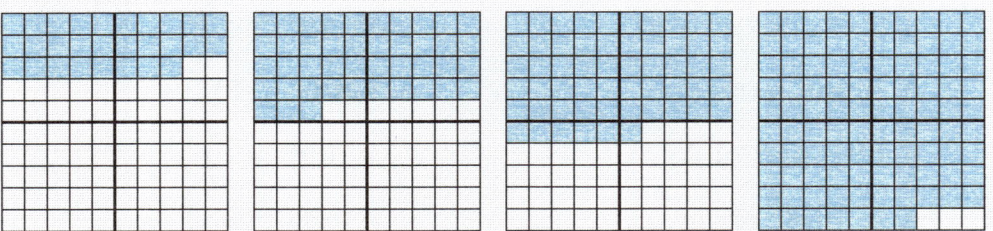

B $\qquad$ 28 $\qquad$ ___ ___ ___ ___ ___ ___

2 **Zeichne und schreibe auf.**

3Z 6E   8Z 7E   3Z 4E   5Z 4E

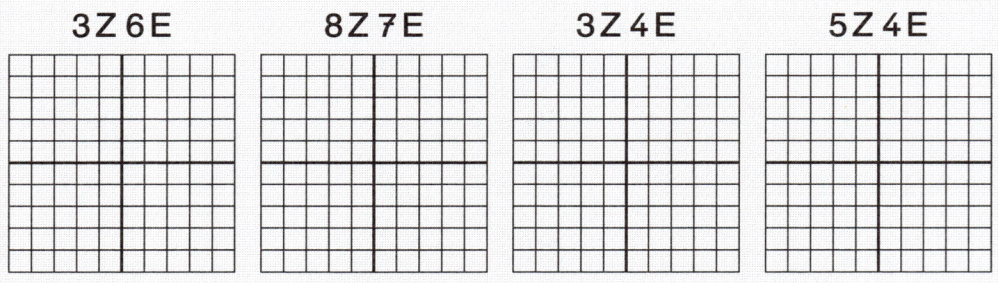

___ ___ ___ ___ ___ ___ ___ ___

3 **Verbinde die Zahlen von 1 bis 30 der Reihe nach.**

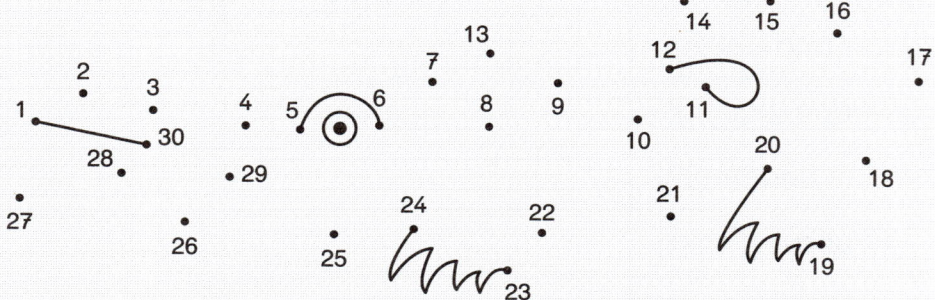

1 Ergänze alle Zahlen in der ersten Zeile.

2 Ergänze alle Zehnerzahlen.

3 Ergänze alle Zahlen mit zwei gleichen Ziffern.

4 Färbe alle Felder mit ungeraden Zahlen gelb.

1	2	3							
				B					
S				I					
	I			M			A		
		M				I			
			S		L				
				A					
			L		L				
		U				A			
	E								

5 Welche Zahlen verstecken sich hier?

S	I	M	S	A	L	A

B	I	M

E	U	L	A	L	I	A

6 Ausschnitte aus der Hundertertafel: Ergänze.

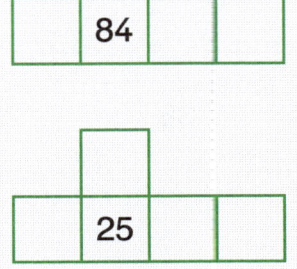
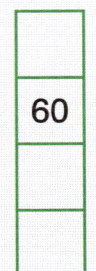

84

25

60

78

21

33

Die Aufgaben gehen rechts weiter.

1 Trage alle Zehnerzahlen und alle Zahlen mit 5 Einern ein.

5	15

0   10

2 Verbinde.

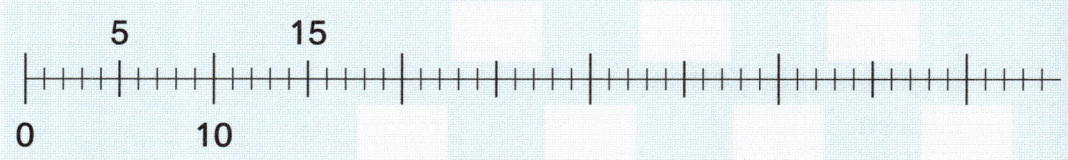

| 4 | 12 | 21 | 33 | 42 | 53 |

0   10   20   30   40   50

| 9 | 17 | 26 | 38 | 46 |

3 Nachbarzahlen

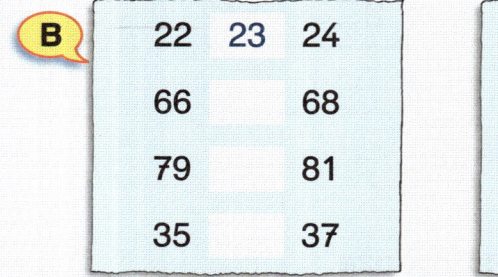

B

22	23	24
66		68
79		81
35		37

	19	20
	41	42
98	99	
12	13	

	25	
	46	
	66	
	83	

4 Ordne der Größe nach.

54		45		72
	13		31		27

89		38		25
	52		17		99

13 _____

17 _____

8

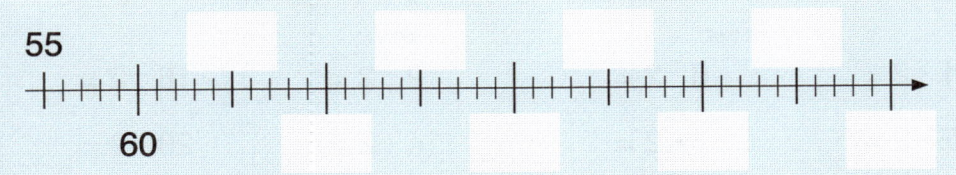

55

60

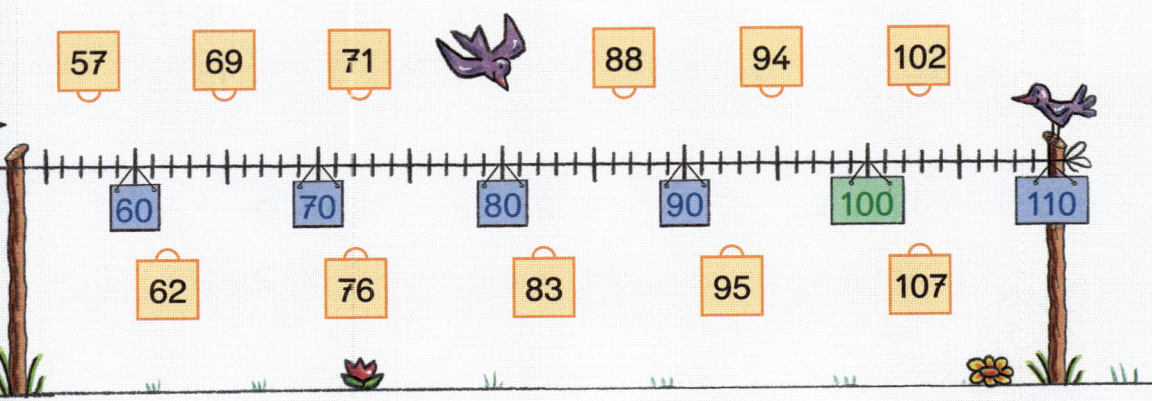

57 69 71 88 94 102

60 70 80 90 100 110

62 76 83 95 107

5 Nachbarzehner

B

60	62	70
___	45	___
___	72	___
___	28	___

___	35	___
___	89	___
___	17	___
___	54	___

___	96	___
___	32	___
___	66	___
___	83	___

6 Vergleiche: ⊙ ⊜ ⊙

a) 25 ◯ 78

64 ◯ 16

79 ◯ 80

b) 52 ◯ 52

81 ◯ 50

98 ◯ 99

c) 66 ◯ 57

33 ◯ 56

73 ◯ 73

Fülle die Sterne weiter aus.

2er-Zahlen  2 ... 20

①

1 · 2 = ___	6 · 2 = ___
2 · 2 = ___	7 · 2 = ___
3 · 2 = ___	8 · 2 = ___
4 · 2 = ___	9 · 2 = ___
5 · 2 = ___	10 · 2 = ___

2 : 2 = ___	16 : 2 = ___
14 : 2 = ___	20 : 2 = ___
18 : 2 = ___	8 : 2 = ___
10 : 2 = ___	6 : 2 = ___
4 : 2 = ___	12 : 2 = ___

14 : 2 = ___	9 · 2 = ___	12 : 2 = ___
7 · 2 = ___	18 : 2 = ___	6 · 2 = ___

5er-Zahlen  5 ... 50

②

1 · 5 = ___	6 · 5 = ___
2 · 5 = ___	7 · 5 = ___
3 · 5 = ___	8 · 5 = ___
4 · 5 = ___	9 · 5 = ___
5 · 5 = ___	10 · 5 = ___

10 : 5 = ___	45 : 5 = ___
5 : 5 = ___	50 : 5 = ___
30 : 5 = ___	25 : 5 = ___
40 : 5 = ___	20 : 5 = ___
15 : 5 = ___	35 : 5 = ___

3 · 5 = ___	8 · 5 = ___	45 : 5 = ___
15 : 5 = ___	40 : 5 = ___	9 · 5 = ___

10er-Zahlen

3

1 · 10 = _____	6 · 10 = _____
2 · 10 = _____	7 · 10 = _____
3 · 10 = _____	8 · 10 = _____
4 · 10 = _____	9 · 10 = _____
5 · 10 = _____	10 · 10 = _____

50 : 10 = _____	90 : 10 = _____
30 : 10 = _____	100 : 10 = _____
60 : 10 = _____	20 : 10 = _____
80 : 10 = _____	70 : 10 = _____
40 : 10 = _____	10 : 10 = _____

4 · 10 = _____	20 : 10 = _____
40 : 10 = _____	2 · 10 = _____
10 · 4 = _____	10 · 2 = _____

80 : 10 = _____	9 · 10 = _____
8 · 10 = _____	90 : 10 = _____
10 · 8 = _____	10 · 9 = _____

4 **3 Zahlen – 4 Aufgaben**

3 · _____ = _____   _____

5 · _____ = _____   _____

15 : _____ = _____   _____

15 : _____ = _____   _____

11

1 **Nachbaraufgaben lösen**

a) $2 \cdot 6 =$ _____ $2 \cdot 7 =$ _____ $2 \cdot 8 =$ _____

 $3 \cdot 6 =$ _____ $3 \cdot 7 =$ _____ $3 \cdot 8 =$ _____

b) $5 \cdot 3 =$ _____ $5 \cdot 7 =$ _____ $5 \cdot 8 =$ _____

 $6 \cdot 3 =$ _____ $6 \cdot 7 =$ _____ $6 \cdot 8 =$ _____

c) $10 \cdot 3 =$ _____ $10 \cdot 6 =$ _____ $10 \cdot 8 =$ _____

 $9 \cdot 3 =$ _____ $9 \cdot 6 =$ _____ $9 \cdot 8 =$ _____

d) $6 \cdot 6 =$ _____ $3 \cdot 3 =$ _____ $9 \cdot 9 =$ _____

 $7 \cdot 6 =$ _____ $4 \cdot 3 =$ _____ $8 \cdot 9 =$ _____

2

·	3	5	8	6
2				
4				
8				

·	2	0	4	9
2				
4				
8				

·	2	5	10	0
3				
6				
9				

·	3	8	7	9
2				
5				
10				

③ Kernaufgaben verdoppeln

a) 4 · 4 = ____   3 · 3 = ____

8 · 4 = ____   6 · 3 = ____

b) 2 · 3 = ____   2 · 4 = ____   2 · 8 = ____

4 · 3 = ____   4 · 4 = ____   4 · 8 = ____

8 · 3 = ____   8 · 4 = ____   8 · 8 = ____

c) 6 · 2 = ____   7 · 2 = ____   9 · 2 = ____

6 · 4 = ____   7 · 4 = ____   9 · 4 = ____

6 · 8 = ____   7 · 8 = ____   9 · 8 = ____

④ Malaufgaben zusammenbauen

7 · 3 = ____

2 · 3 = ____   5 · 3 = ____

____ · 6 = ____

2 · 6 = ____   5 · 6 = ____

7 · 4 = ____

____ · 4 = ____   ____ · 4 = ____

7 · 8 = ____

____ · 8 = ____   ____ · 8 = ____

7 · 9 = ____

____ · 9 = ____   ____ · 9 = ____

____ · 7 = ____

5 · 7 = ____   1 · 7 = ____

6 · 8 = ____

____ · 8 = ____   ____ · 8 = ____

6 · 9 = ____

____ · 9 = ____   ____ · 9 = ____

13

**Male nur das richtige Bild
wie auf dem Piratenschiff an.**

① **Was siehst du links von**  **?**

② **Was siehst du unter**  **?**

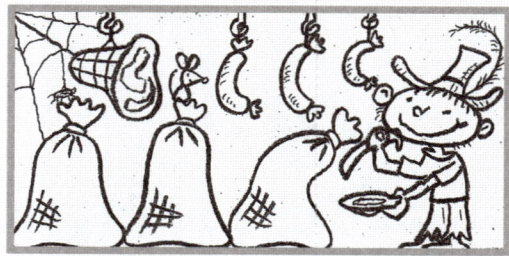

3 **Was siehst du rechts von**  **?**

4 **Was siehst du über**  **?**

Hier sind die 3er-Zahlen!

3er-Zahlen

①
1 · 3 = ___	18 = ___ · 3	24 : 3 = ___
2 · 3 = ___	3 = ___ · 3	9 : 3 = ___
3 · 3 = ___	24 = ___ · 3	18 : 3 = ___
4 · 3 = ___	6 = ___ · 3	3 : 3 = ___
5 · 3 = ___	15 = ___ · 3	27 : 3 = ___
6 · 3 = ___	9 = ___ · 3	12 : 3 = ___
7 · 3 = ___	27 = ___ · 3	6 : 3 = ___
8 · 3 = ___	30 = ___ · 3	15 : 3 = ___
9 · 3 = ___	21 = ___ · 3	30 : 3 = ___
10 · 3 = ___	12 = ___ · 3	21 : 3 = ___

②

·	3	6	9
2			
3			

·	2	4	8
2			
3			

6 · 3

Das kann ich schon

③ **Teilen mit Rest**

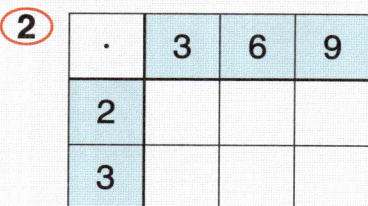

27 : 3 = ___	15 : 3 = ___	30 : 3 = ___
28 : 3 = ___ R ___	16 : 3 = ___ R ___	31 : 3 = ___ R ___
29 : 3 = ___ R ___	17 : 3 = ___ R ___	32 : 3 = ___ R ___

6er-Zahlen

4

1 · 6 = ____	18 = ____ · 6	24 : 6 = ____
2 · 6 = ____	6 = ____ · 6	54 : 6 = ____
3 · 6 = ____	24 = ____ · 6	48 : 6 = ____
4 · 6 = ____	12 = ____ · 6	6 : 6 = ____
5 · 6 = ____	60 = ____ · 6	42 : 6 = ____

6 · 6 = ____	30 = ____ · 6
7 · 6 = ____	54 = ____ · 6
8 · 6 = ____	36 = ____ · 6
9 · 6 = ____	42 = ____ · 6
10 · 6 = ____	48 = ____ · 6

5

·	3	6	9
5			
6			

·	2	4	8
5			
6			

·	5	10
5		
6		

 Kleine Knobelei: Welche Zahlen gehören zum 3er- und zum 6er-Einmaleins? Male sie an.

3	6	9	12	15	18

21	24	27	30	33

4er-Zahlen

①
1 · 4 = ___	20 = ___ · 4	24 : 4 = ___
2 · 4 = ___	8 = ___ · 4	36 : 4 = ___
3 · 4 = ___	24 = ___ · 4	16 : 4 = ___
4 · 4 = ___	28 = ___ · 4	40 : 4 = ___
5 · 4 = ___	16 = ___ · 4	28 : 4 = ___
6 · 4 = ___	12 = ___ · 4	12 : 4 = ___
7 · 4 = ___	4 = ___ · 4	8 : 4 = ___
8 · 4 = ___	32 = ___ · 4	20 : 4 = ___
9 · 4 = ___	40 = ___ · 4	4 : 4 = ___
10 · 4 = ___	36 = ___ · 4	32 : 4 = ___

②

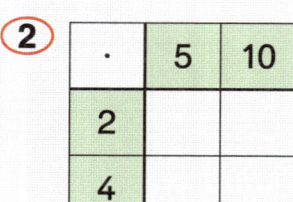

·	5	10
2		
4		

·	3	6	9
2			
4			

·	2	4	8
2			
4			

③ **Teilen mit Rest**

32 : 4 = ___	16 : 4 = ___	28 : 4 = ___
33 : 4 = ___ R ___	17 : 4 = ___ R ___	30 : 4 = ___ R ___
35 : 4 = ___ R ___	18 : 4 = ___ R ___	31 : 4 = ___ R ___

8er-Zahlen

4

1 · 8 = ___	24 = ___ · 8	48 : 8 = ___
2 · 8 = ___	8 = ___ · 8	32 : 8 = ___
3 · 8 = ___	72 = ___ · 8	16 : 8 = ___
4 · 8 = ___	80 = ___ · 8	40 : 8 = ___
5 · 8 = ___	16 = ___ · 8	24 : 8 = ___
6 · 8 = ___	64 = ___ · 8	8 : 8 = ___
7 · 8 = ___	48 = ___ · 8	56 : 8 = ___
8 · 8 = ___	56 = ___ · 8	80 : 8 = ___
9 · 8 = ___	40 = ___ · 8	72 : 8 = ___
10 · 8 = ___	32 = ___ · 8	64 : 8 = ___

5

·	2	4	8
5			
8			

·	3	6	9
5			
8			

 6 **Kleine Knobelei: Welche Zahlen gehören zum 4er- und zum 8er-Einmaleins? Male sie an.**

4	8	12	16	20	24

28	32	36	40	44

7er-Zahlen

1

$1 \cdot 7 = \underline{\quad}$	$14 = \underline{\quad} \cdot 7$	$28 : 7 = \underline{\quad}$
$2 \cdot 7 = \underline{\quad}$	$70 = \underline{\quad} \cdot 7$	$56 : 7 = \underline{\quad}$
$3 \cdot 7 = \underline{\quad}$	$21 = \underline{\quad} \cdot 7$	$14 : 7 = \underline{\quad}$
$4 \cdot 7 = \underline{\quad}$	$7 = \underline{\quad} \cdot 7$	$70 : 7 = \underline{\quad}$
$5 \cdot 7 = \underline{\quad}$	$63 = \underline{\quad} \cdot 7$	$42 : 7 = \underline{\quad}$
$6 \cdot 7 = \underline{\quad}$	$35 = \underline{\quad} \cdot 7$	$63 : 7 = \underline{\quad}$
$7 \cdot 7 = \underline{\quad}$	$56 = \underline{\quad} \cdot 7$	$35 : 7 = \underline{\quad}$
$8 \cdot 7 = \underline{\quad}$	$28 = \underline{\quad} \cdot 7$	$49 : 7 = \underline{\quad}$
$9 \cdot 7 = \underline{\quad}$	$49 = \underline{\quad} \cdot 7$	$7 : 7 = \underline{\quad}$
$10 \cdot 7 = \underline{\quad}$	$42 = \underline{\quad} \cdot 7$	$21 : 7 = \underline{\quad}$

2

$\cdot$	2	4	8
6			
7			

$\cdot$	3	6	9
6			
7			

3 **Teilen mit Rest**

$42 : 7 = \underline{\quad}$	$28 : 7 = \underline{\quad}$	$56 : 7 = \underline{\quad}$
$43 : 7 = \underline{\quad} \text{ R } \underline{\quad}$	$30 : 7 = \underline{\quad} \text{ R } \underline{\quad}$	$59 : 7 = \underline{\quad} \text{ R } \underline{\quad}$
$44 : 7 = \underline{\quad} \text{ R } \underline{\quad}$	$32 : 7 = \underline{\quad} \text{ R } \underline{\quad}$	$62 : 7 = \underline{\quad} \text{ R } \underline{\quad}$

1 **Die Figuren sind aus diesen Flächen zusammengesetzt:**

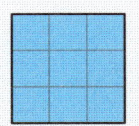 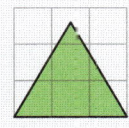 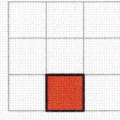 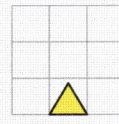

Zeichne die Flächen in die Figuren ein und male sie an.

Verwende immer
möglichst große Flächen.

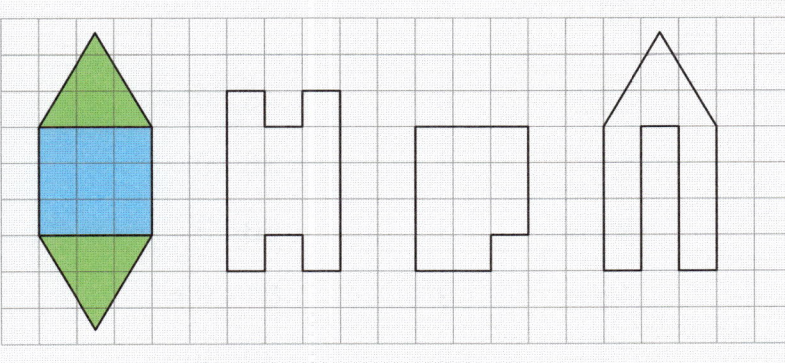

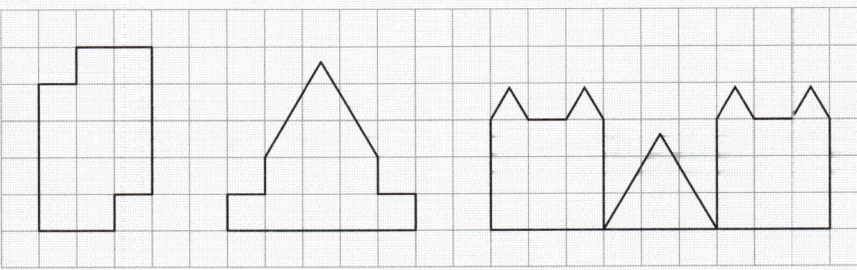

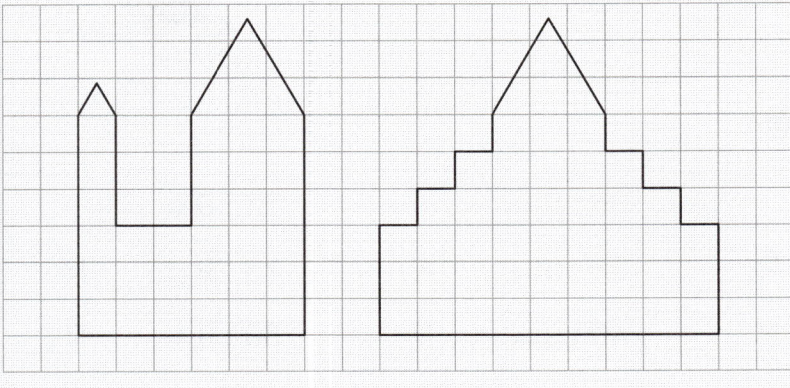

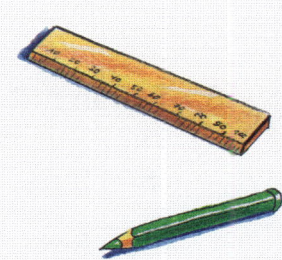

Nun haben wir alle Malreihen.

9er-Zahlen

①

1 · 9 = ___	18 = ___ · 9	27 : 9 = ___
2 · 9 = ___	81 = ___ · 9	54 : 9 = ___
3 · 9 = ___	27 = ___ · 9	18 : 9 = ___
4 · 9 = ___	9 = ___ · 9	90 : 9 = ___
5 · 9 = ___	63 = ___ · 9	9 : 9 = ___
6 · 9 = ___	36 = ___ · 9	45 : 9 = ___
7 · 9 = ___	54 = ___ · 9	36 : 9 = ___
8 · 9 = ___	90 = ___ · 9	63 : 9 = ___
9 · 9 = ___	45 = ___ · 9	81 : 9 = ___
10 · 9 = ___	72 = ___ · 9	72 : 9 = ___

②

·	9	6	3
7			
9			

·	8	4	2
7			
9			

③ **Teilen mit Rest**

54 : 9 = ___	36 : 9 = ___	72 : 9 = ___
55 : 9 = ___ R ___	38 : 9 = ___ R ___	75 : 9 = ___ R ___
57 : 9 = ___ R ___	40 : 9 = ___ R ___	80 : 9 = ___ R ___

1 Setze die Muster fort.

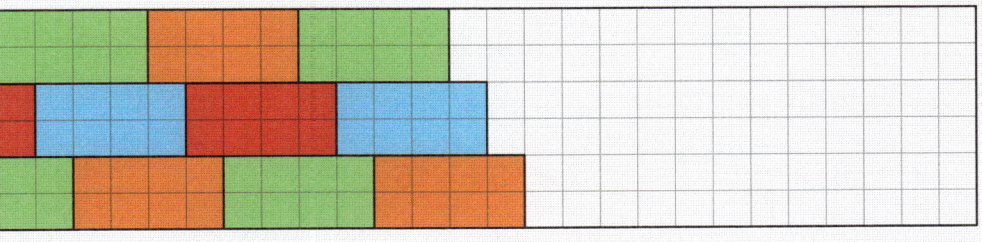

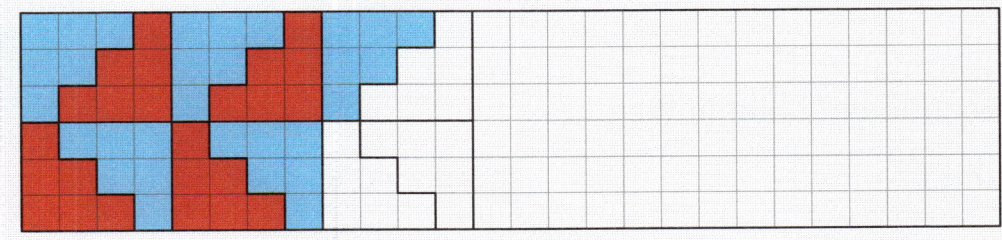

 **2**

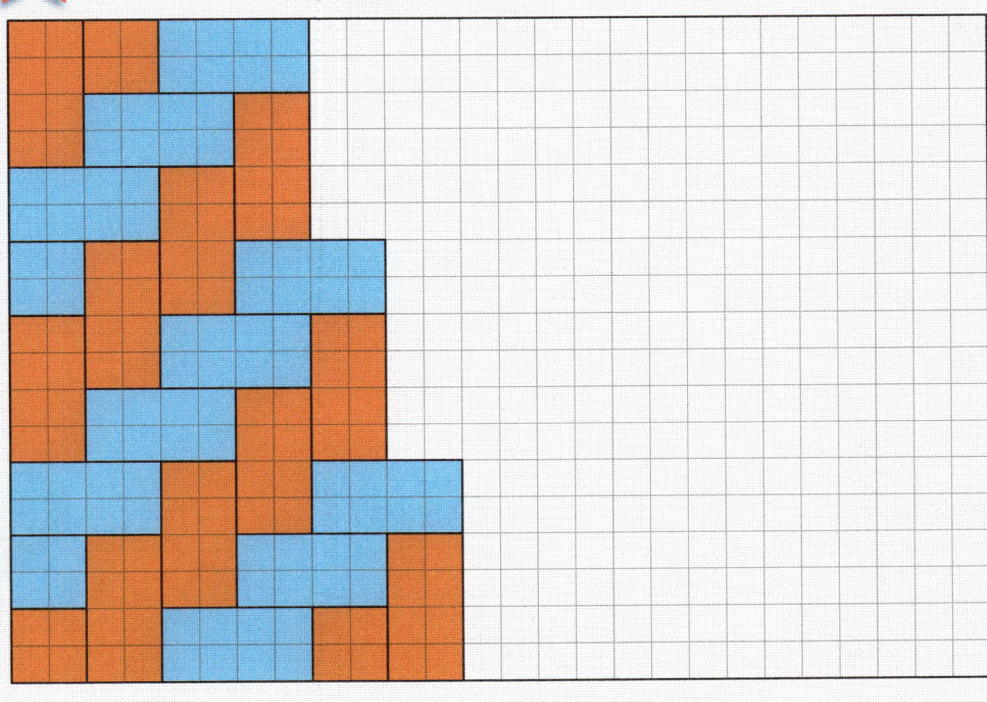

1 **Wie rechnest du?** $37 + 48 =$ _____

So?	Oder so?	Oder so?

So?

$37 + 40 =$ 77

$77 + 8 =$ _____

Oder so?

$30 + 40 =$ 70

$7 + 8 =$ 15

$70 + 15 =$ _____

Oder so?

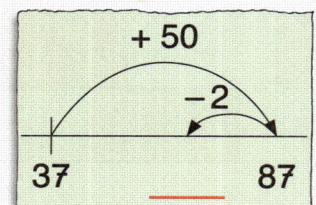

$+ 50$

-2

37 _____ 87

2 **Rechne auf deinem Weg.**

$57 + 25 =$ _____

$46 + 46 =$ _____

$58 + 36 =$ _____

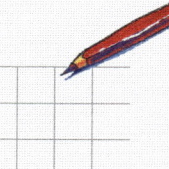

$34 + 28 =$ _____

$73 + 19 =$ _____

$66 + 27 =$ _____

$22 + 39 =$ _____

$48 + 17 =$ _____

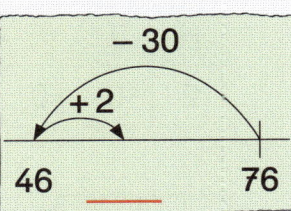

① **Wie rechnest du?** $76 - 28 = \underline{\hspace{2cm}}$

So?	Oder so?	Oder so?

$76 - 20 = 56$

$56 - 8 = \underline{\hspace{1.5cm}}$

$76 - 8 = 68$

$68 - 20 = \underline{\hspace{1.5cm}}$

② **Rechne auf deinem Weg.**

$93 - 25 = \underline{\hspace{1.5cm}}$ $86 - 49 = \underline{\hspace{1.5cm}}$

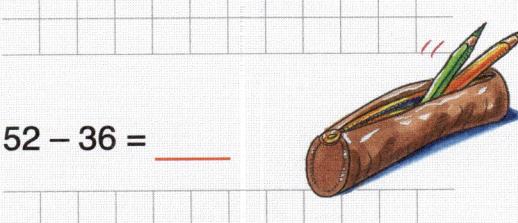

$52 - 36 = \underline{\hspace{1.5cm}}$ $61 - 28 = \underline{\hspace{1.5cm}}$

$74 - 57 = \underline{\hspace{1.5cm}}$ $47 - 19 = \underline{\hspace{1.5cm}}$

$45 - 26 = \underline{\hspace{1.5cm}}$ $83 - 45 = \underline{\hspace{1.5cm}}$

10 Zehnerstangen sind
1 Hunderterplatte.

① Hunderter

H	Z	E
2	0	0

= __200__

H	Z	E

= _____

H	Z	E

= _____

H	Z	E

= _____

② Hunderter und Zehner

H	Z	E
1	1	0

= __110__

H	Z	E

= _____

H	Z	E

= _____

H	Z	E

= _____

H	Z	E

= _____

H	Z	E

= _____

3 Hunderter, Zehner, Einer

H	Z	E

= _____

H	Z	E

= _____

H	Z	E

= _____

H	Z	E

= _____

H	Z	E

= _____

H	Z	E

= _____

4 Verbinde Bild und Zahl.

 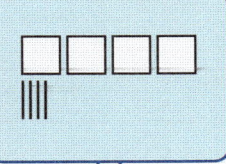 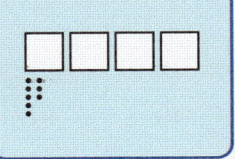 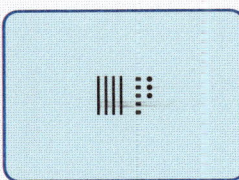

440   480   840   804   48   408   84

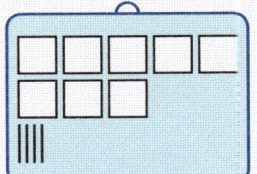  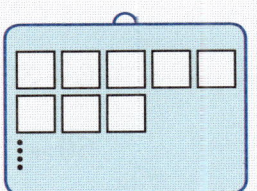

Zerlege, zeichne, schreibe.

1

B

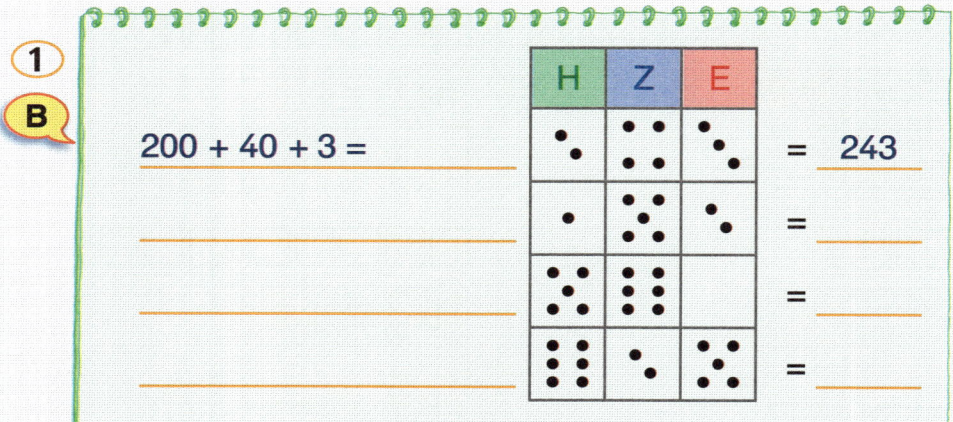

$200 + 40 + 3 =$ _____   = 243

_____   = _____

_____   = _____

_____   = _____

2

B

H	Z	E	
			= 142
			= 603
			= 431
			= 150

_____

_____

_____

_____

3

T	H	Z	E	
				= _____
				= _____
				= _____
				= _____

$10 + 400 + 3 \quad =$

$300 + 20 + 1 \quad =$

$6 + 300 \quad =$

$50 + 1000 + 200 =$

Ich kann das Plättchen zu den H, Z oder E legen.

4 Lege jeweils ein Plättchen dazu.
Welche Zahlen entstehen?

B

231   331   _____   _____

_____   _____   _____   _____

5 Nimm jeweils ein Plättchen weg.
Welche Zahlen entstehen?

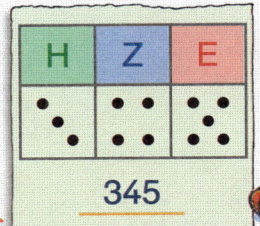

B

345   245   _____   _____

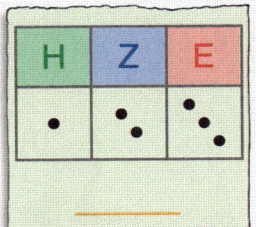

_____   _____   _____   _____

① **Wie viele Gegenstände erkennst du?** ____
Färbe Säge, Hammer und Schraubenschlüssel.

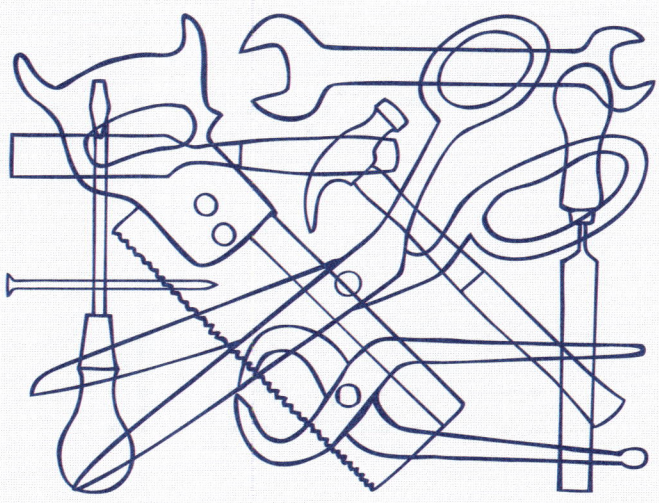

② **Original und Fälschung**
Kreuze im rechten Bild die 9 Fehler an.

1 **Aus wie vielen Würfeln ist jedes Gebäude aufgebaut?**

_____ Würfel

_____ Würfel

_____ Würfel

_____ Würfel

1 Trage alle fehlenden Zahlen ein.

501	502		504	505		507			
		513	514	515			518	519	
521				525	526	527			530
		533	534	535		537		539	
	542		544	545		547	548		550
551	552	553	554	555	556	557	558	559	560
561		563		565			568	569	
	572		574	575	576	577			
581		583		585			588	589	
	592		594	595	596		598		600

2 Ergänze.

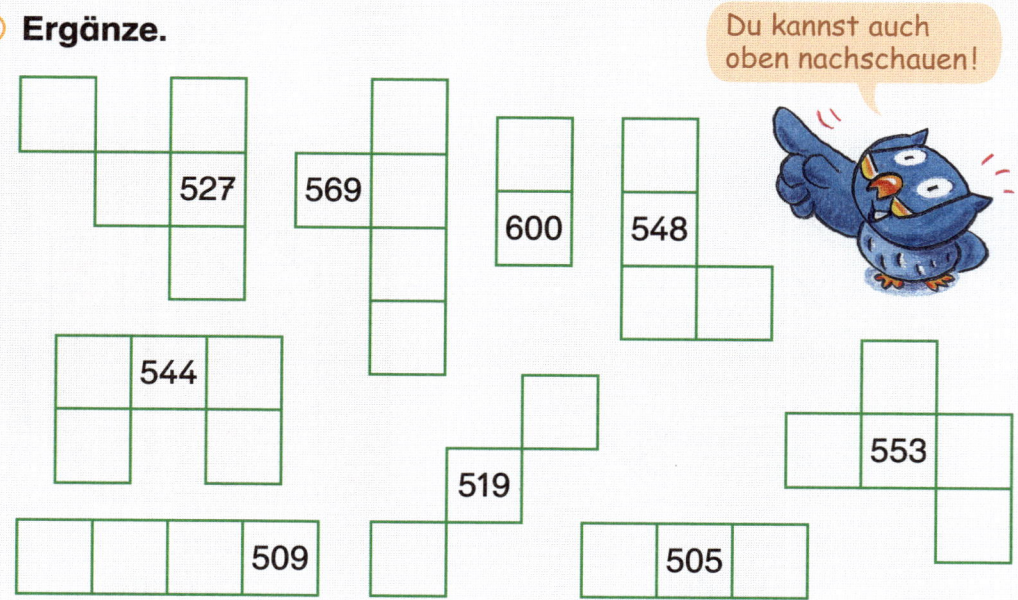

Du kannst auch oben nachschauen!

527   569   600   548   544   519   553   509   505

Lösungen Mathe-Stars 3 Grundwissen

(zum Heraustrennen die mittlere Klammer lösen)

Rechnen bis 20

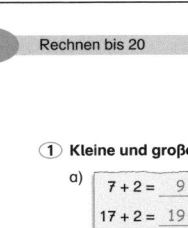

① Kleine und große Aufgaben: Rechne und ergänze.

a)

7 + 2 = 9	3 + 5 = 8	4 + 3 = 7
17 + 2 = 19	13 + 5 = 18	14 + 3 = 17

5 + 1 = 6	6 + 2 = 8	1 + 8 = 9
15 + 1 = 16	16 + 2 = 18	11 + 8 = 19

b)

9 − 4 = 5	8 − 7 = 1	7 − 5 = 2
19 − 4 = 15	18 − 7 = 11	17 − 5 = 12

6 − 3 = 3	5 − 4 = 1	9 − 6 = 3
16 − 3 = 13	15 − 4 = 11	19 − 6 = 13

② Bilde zu jedem Ergebnis 4 Plusaufgaben.

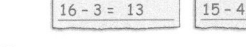 8 9 11 10 12 ⊕ 7 6 5 9 4

 Na klar, 8 + 7 = 15.

15	16	17
8 + 7	9 + 7	8 + 9
9 + 6	10 + 6	10 + 7
10 + 5	11 + 5	11 + 6
11 + 4	12 + 4	12 + 5

2

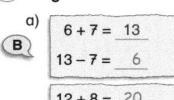 0 5 10 15 20

③ Aufgabe und Umkehraufgabe: Rechne und ergänze.

a) **B**

6 + 7 = 13	8 + 4 = 12	7 + 9 = 16
13 − 7 = 6	12 − 4 = 8	16 − 9 = 7

12 + 8 = 20	9 + 5 = 14	5 + 6 = 11
20 − 8 = 12	14 − 5 = 9	11 − 6 = 5

b) **B**

19 − 6 = 13	15 − 7 = 8	20 − 4 = 16
13 + 6 = 19	8 + 7 = 15	16 + 4 = 20

11 − 3 = 8	14 − 8 = 6	18 − 13 = 5
8 + 3 = 11	6 + 8 = 14	5 + 13 = 18

④ Bilde zu jedem Ergebnis 4 Minusaufgaben.

 20 19 13 18 9 17 ⊖ 11 6 10 4 12 15 8

Ja klar, 20 − 11 = 9.

9	7	5
20 − 11	13 − 6	20 − 15
19 − 10	17 − 10	17 − 12
17 − 8	18 − 11	13 − 8
13 − 4	19 − 12	9 − 4

3

Fit im Hunderterraum!

Erst die Zehner, dann die Einer

① Trage in die Stellenwerttafel ein.

Z	E
6	1

Z	E
8	2

Z	E
9	8

Z	E
7	6

Z	E
3	9

Z	E
5	3

Z	E
2	5

Z	E
4	4

② Wie viele Zehner? Wie viele Einer?

B

35 = 3Z 5E	47 = 4Z 7E	99 = 9Z 9E
63 = 6Z 3E	84 = 8Z 4E	17 = 1Z 7E
21 = 2Z 1E	78 = 7Z 8E	56 = 5Z 6E
98 = 9Z 8E	23 = 2Z 3E	37 = 3Z 7E

⭐ Kleine Knobelei

Welche Zahl hat 6 Zehner und halb so viele Einer? _63_

Welche Zahl hat 4 Zehner und doppelt so viele Einer? _48_

4

---

④ Schreibe die Zahlen auf.

siebenundzwanzig	27	dreiundachtzig	83
achtundneunzig	98	einundvierzig	41
sechsunddreißig	36	zweiundsechzig	62
neunundsiebzig	79	vierundfünfzig	54
fünfundvierzig	45	achtunddreißig	38

⑤ Zehner und Einer

B

26 = 20 + 6	45 = 40 + 5	21 = 1 + 20
97 = 90 + 7	72 = 70 + 2	55 = 5 + 50
34 = 30 + 4	59 = 50 + 9	78 = 8 + 70
81 = 80 + 1	68 = 60 + 8	87 = 7 + 80
52 = 50 + 2	23 = 20 + 3	96 = 6 + 90

⑥ Fülle die Tabelle weiter aus.

sprechen	Z	E	zeichnen	zerlegen
fünfundneunzig	9	5		95 = 90 + 5
neunundfünfzig	5	9		59 = 50 + 9
dreiundsechzig	6	3		63 = 60 + 3
sechsunddreißig	3	6		36 = 30 + 6
vierundzwanzig	2	4		24 = 20 + 4
zweiundvierzig	4	2		42 = 40 + 2

5

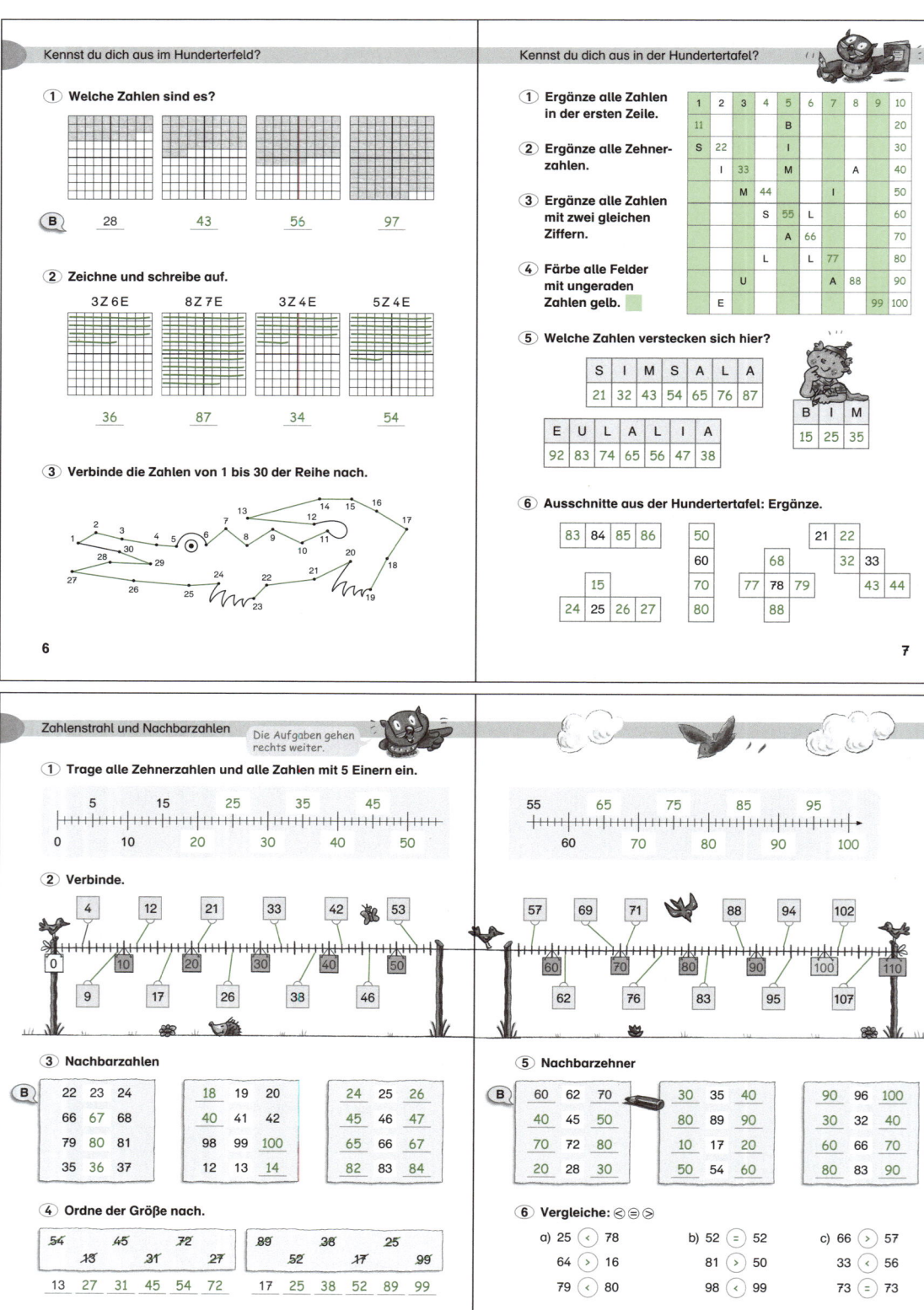

Kennst du dich aus im Hunderterfeld?

1 Welche Zahlen sind es?

B   28   43   56   97

2 Zeichne und schreibe auf.

3 Z 6 E   8 Z 7 E   3 Z 4 E   5 Z 4 E

36   87   34   54

3 Verbinde die Zahlen von 1 bis 30 der Reihe nach.

Kennst du dich aus in der Hundertertafel?

1 Ergänze alle Zahlen in der ersten Zeile.

2 Ergänze alle Zehner-zahlen.

3 Ergänze alle Zahlen mit zwei gleichen Ziffern.

4 Färbe alle Felder mit ungeraden Zahlen gelb.

1	2	3	4	5	6	7	8	9	10
11			B						20
S	22		I						30
	I	33	M				A		40
		M	44			I			50
			S	55	L				60
			A	66					70
			L		L	77			80
		U				A	88		90
	E							99	100

5 Welche Zahlen verstecken sich hier?

S	I	M	S	A	L	A
21	32	43	54	65	76	87

E	U	L	A	L	I	A
92	83	74	65	56	47	38

B	I	M
15	25	35

6 Ausschnitte aus der Hundertertafel: Ergänze.

83	84	85	86

50
60

21	22

68

32	33

15
70

77	78	79

43	44

24	25	26	27

80

88

6

7

Zahlenstrahl und Nachbarzahlen

Die Aufgaben gehen rechts weiter.

1 Trage alle Zehnerzahlen und alle Zahlen mit 5 Einern ein.

5   15   25   35   45
0   10   20   30   40   50

55   65   75   85   95
60   70   80   90   100

2 Verbinde.

4   12   21   33   42   53
0   10   20   30   40   50
9   17   26   38   46

57   69   71   88   94   102
60   70   80   90   100   110
62   76   83   95   107

3 Nachbarzahlen

B
22	23	24
66	67	68
79	80	81
35	36	37

18	19	20
40	41	42
98	99	100
12	13	14

24	25	26
45	46	47
65	66	67
82	83	84

4 Ordne der Größe nach.

54   45   72   89   38   25
13   31   27   52   17   99
13 27 31 45 54 72   17 25 38 52 89 99

5 Nachbarzehner

B
60	62	70
40	45	50
70	72	80
20	28	30

30	35	40
80	89	90
10	17	20
50	54	60

90	96	100
30	32	40
60	66	70
80	83	90

6 Vergleiche: ⊘ ⊜ ⊝

a) 25 < 78   b) 52 = 52   c) 66 > 57
64 > 16   81 > 50   33 < 56
79 < 80   98 < 99   73 = 73

8

9

Fülle die Sterne weiter aus.

2er-Zahlen ⭐2 ⭐4 ⭐6 ⭐8 ⭐10 ⭐12 ⭐14 ⭐16 ⭐18 ⭐20

①
1·2 = 2	6·2 = 12	2:2 = 1	16:2 = 8
2·2 = 4	7·2 = 14	14:2 = 7	20:2 = 10
3·2 = 6	8·2 = 16	18:2 = 9	8:2 = 4
4·2 = 8	9·2 = 18	10:2 = 5	6:2 = 3
5·2 = 10	10·2 = 20	4:2 = 2	12:2 = 6

14:2 = 7	9·2 = 18	12:2 = 6
7·2 = 14	18:2 = 9	6·2 = 12

5er-Zahlen ⭐5 ⭐10 ⭐15 ⭐20 ⭐25 ⭐30 ⭐35 ⭐40 ⭐45 ⭐50

②
1·5 = 5	6·5 = 30	10:5 = 2	45:5 = 9
2·5 = 10	7·5 = 35	5:5 = 1	50:5 = 10
3·5 = 15	8·5 = 40	30:5 = 6	25:5 = 5
4·5 = 20	9·5 = 45	40:5 = 8	20:5 = 4
5·5 = 25	10·5 = 50	15:5 = 3	35:5 = 7

3·5 = 15	8·5 = 40	45:5 = 9
15:5 = 3	40:5 = 8	9·5 = 45

10

Die Zehnerreihe kann ich schon auswendig.

10er-Zahlen ⭐10 ⭐20 ⭐30 ⭐40 ⭐50 ⭐60 ⭐70 ⭐80 ⭐90 ⭐100

③
1·10 = 10	6·10 = 60	50:10 = 5	90:10 = 9
2·10 = 20	7·10 = 70	30:10 = 3	100:10 = 10
3·10 = 30	8·10 = 80	60:10 = 6	20:10 = 2
4·10 = 40	9·10 = 90	80:10 = 8	70:10 = 7
5·10 = 50	10·10 = 100	40:10 = 4	10:10 = 1

4·10 = 40	20:10 = 2	80:10 = 8	9·10 = 90
40:10 = 4	2·10 = 20	8·10 = 80	90:10 = 9
10·4 = 40	10·2 = 20	10·8 = 80	10·9 = 90

④ **3 Zahlen – 4 Aufgaben**

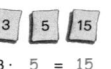

3 5 15	4 10 40	2 9 18
3·5 = 15	4·10 = 40	2·9 = 18
5·3 = 15	10·4 = 40	9·2 = 18
15:3 = 5	40:4 = 10	18:2 = 9
15:5 = 3	40:10 = 4	18:9 = 2

11

Kernaufgaben helfen

① **Nachbaraufgaben lösen**

a)
2·6 = 12	2·7 = 14	2·8 = 16
3·6 = 18	3·7 = 21	3·8 = 24

b)
5·3 = 15	5·7 = 35	5·8 = 40
6·3 = 18	6·7 = 42	6·8 = 48

c)
10·3 = 30	10·6 = 60	10·8 = 80
9·3 = 27	9·6 = 54	9·8 = 72

d)
6·6 = 36	3·3 = 9	9·9 = 81
7·6 = 42	4·3 = 12	8·9 = 72

②

·	3	5	8	6
2	6	10	16	12
4	12	20	32	24
8	24	40	64	48

·	2	0	4	9
2	4	0	8	18
4	8	0	16	36
8	16	0	32	72

·	2	5	10	0
3	6	15	30	0
6	12	30	60	0
9	18	45	90	0

·	3	8	7	9
2	6	16	14	18
5	15	40	35	45
10	30	80	70	90

12

③ **Kernaufgaben verdoppeln**

a)
4·4 = 16   3·3 = 9
8·4 = 32   6·3 = 18

b)
2·3 = 6	2·4 = 8	2·8 = 16
4·3 = 12	4·4 = 16	4·8 = 32
8·3 = 24	8·4 = 32	8·8 = 64

c)
6·2 = 12	7·2 = 14	9·2 = 18
6·4 = 24	7·4 = 28	9·4 = 36
6·8 = 48	7·8 = 56	9·8 = 72

④ **Malaufgaben zusammenbauen**

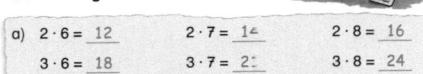

7·3 = 21
2·3 = 6   5·3 = 15

7·6 = 42
2·6 = 12   5·6 = 30

7·4 = 28
5·4 = 20   2·4 = 8

7·8 = 56
5·8 = 40   2·8 = 16

7·9 = 63
5·9 = 45   2·9 = 18

6·7 = 42
5·7 = 35   1·7 = 7

6·8 = 48
5·8 = 40   1·8 = 8

6·9 = 54
5·9 = 45   1·9 = 9

13

**Male nur das richtige Bild
wie auf dem Piratenschiff an.**

① Was siehst du links von  ?

③ Was siehst du rechts von ?

② Was siehst du unter ?

④ Was siehst du über ?

14

15

Hier sind die 3er-Zahlen!

... und nun die 6er-Zahlen!

3er-Zahlen ⭐ 3 ⭐ 6 ⭐ 9 ⭐ 12 ⭐ 15 ⭐ 18 ⭐ 21 ⭐ 24 ⭐ 27 ⭐ 30

6er-Zahlen ⭐ 6 ⭐ 12 ⭐ 18 ⭐ 24 ⭐ 30 ⭐ 36 ⭐ 42 ⭐ 48 ⭐ 54 ⭐ 60

①
$1 \cdot 3 = 3$	$18 = 6 \cdot 3$	$24 : 3 = 8$
$2 \cdot 3 = 6$	$3 = 1 \cdot 3$	$9 : 3 = 3$
$3 \cdot 3 = 9$	$24 = 8 \cdot 3$	$18 : 3 = 6$
$4 \cdot 3 = 12$	$6 = 2 \cdot 3$	$3 : 3 = 1$
$5 \cdot 3 = 15$	$15 = 5 \cdot 3$	$27 : 3 = 9$
$6 \cdot 3 = 18$	$9 = 3 \cdot 3$	$12 : 3 = 4$
$7 \cdot 3 = 21$	$27 = 9 \cdot 3$	$6 : 3 = 2$
$8 \cdot 3 = 24$	$30 = 10 \cdot 3$	$15 : 3 = 5$
$9 \cdot 3 = 27$	$21 = 7 \cdot 3$	$30 : 3 = 10$
$10 \cdot 3 = 30$	$12 = 4 \cdot 3$	$21 : 3 = 7$

④
$1 \cdot 6 = 6$	$18 = 3 \cdot 6$	$24 : 6 = 4$
$2 \cdot 6 = 12$	$6 = 1 \cdot 6$	$54 : 6 = 9$
$3 \cdot 6 = 18$	$24 = 4 \cdot 6$	$48 : 6 = 8$
$4 \cdot 6 = 24$	$12 = 2 \cdot 6$	$6 : 6 = 1$
$5 \cdot 6 = 30$	$60 = 10 \cdot 6$	$42 : 6 = 7$
$6 \cdot 6 = 36$	$30 = 5 \cdot 6$	
$7 \cdot 6 = 42$	$54 = 9 \cdot 6$	
$8 \cdot 6 = 48$	$36 = 6 \cdot 6$	
$9 \cdot 6 = 54$	$42 = 7 \cdot 6$	
$10 \cdot 6 = 60$	$48 = 8 \cdot 6$	

②
·	3	6	9
2	6	12	18
3	9	18	27

·	2	4	8
2	4	8	16
3	6	12	24

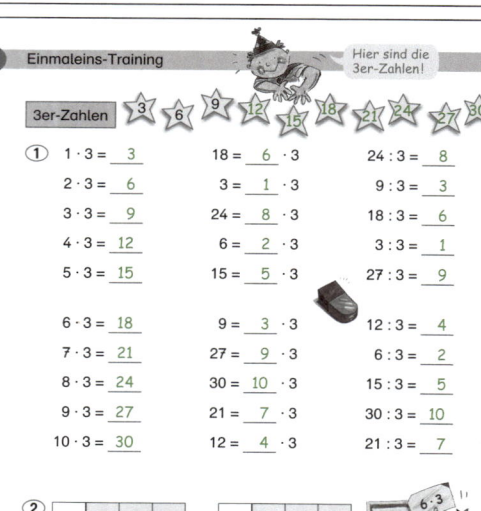

⑤
·	3	6	9
5	15	30	45
6	18	36	54

·	2	4	8
5	10	20	40
6	12	24	48

·	5	10
5	25	50
6	30	60

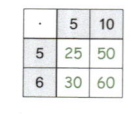

③ **Teilen mit Rest**

$27 : 3 = 9$	$15 : 3 = 5$	$30 : 3 = 10$
$28 : 3 = 9 \text{ R } 1$	$16 : 3 = 5 \text{ R } 1$	$31 : 3 = 10 \text{ R } 1$
$29 : 3 = 9 \text{ R } 2$	$17 : 3 = 5 \text{ R } 2$	$32 : 3 = 10 \text{ R } 2$

⑥ **Kleine Knobelei:** Welche Zahlen gehören zum 3er- <u>und</u> zum 6er-Einmaleins? Male sie an.

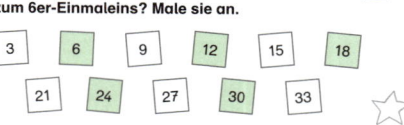

3   6   9   12   15   18

21   24   27   30   33

16

17

4er-Zahlen ⭐4 ⭐8 ⭐12 ⭐16 ⭐20 ⭐24 ⭐28 ⭐32 ⭐36 ⭐40

①
$1 \cdot 4 = 4$	$20 = 5 \cdot 4$	$24 : 4 = 6$
$2 \cdot 4 = 8$	$8 = 2 \cdot 4$	$36 : 4 = 9$
$3 \cdot 4 = 12$	$24 = 6 \cdot 4$	$16 : 4 = 4$
$4 \cdot 4 = 16$	$28 = 7 \cdot 4$	$40 : 4 = 10$
$5 \cdot 4 = 20$	$16 = 4 \cdot 4$	$28 : 4 = 7$
$6 \cdot 4 = 24$	$12 = 3 \cdot 4$	$12 : 4 = 3$
$7 \cdot 4 = 28$	$4 = 1 \cdot 4$	$8 : 4 = 2$
$8 \cdot 4 = 32$	$32 = 8 \cdot 4$	$20 : 4 = 5$
$9 \cdot 4 = 36$	$40 = 10 \cdot 4$	$4 : 4 = 1$
$10 \cdot 4 = 40$	$36 = 9 \cdot 4$	$32 : 4 = 8$

②
·	5	10
2	10	20
4	20	40

·	3	6	9
2	6	12	18
4	12	24	36

·	2	4	8
2	4	8	16
4	8	16	32

③ **Teilen mit Rest**

$32 : 4 = 8$	$16 : 4 = 4$	$28 : 4 = 7$
$33 : 4 = 8 \text{ R } 1$	$17 : 4 = 4 \text{ R } 1$	$30 : 4 = 7 \text{ R } 2$
$35 : 4 = 8 \text{ R } 3$	$18 : 4 = 4 \text{ R } 2$	$31 : 4 = 7 \text{ R } 3$

8er-Zahlen ⭐8 ⭐16 ⭐24 ⭐32 ⭐40 ⭐48 ⭐56 ⭐64 ⭐72 ⭐80

④
$1 \cdot 8 = 8$	$24 = 3 \cdot 8$	$48 : 8 = 6$
$2 \cdot 8 = 16$	$8 = 1 \cdot 8$	$32 : 8 = 4$
$3 \cdot 8 = 24$	$72 = 9 \cdot 8$	$16 : 8 = 2$
$4 \cdot 8 = 32$	$80 = 10 \cdot 8$	$40 : 8 = 5$
$5 \cdot 8 = 40$	$16 = 2 \cdot 8$	$24 : 8 = 3$
$6 \cdot 8 = 48$	$64 = 8 \cdot 8$	$8 : 8 = 1$
$7 \cdot 8 = 56$	$48 = 6 \cdot 8$	$56 : 8 = 7$
$8 \cdot 8 = 64$	$56 = 7 \cdot 8$	$80 : 8 = 10$
$9 \cdot 8 = 72$	$40 = 5 \cdot 8$	$72 : 8 = 9$
$10 \cdot 8 = 80$	$32 = 4 \cdot 8$	$64 : 8 = 8$

⑤
·	2	4	8
5	10	20	40
8	16	32	64

·	3	6	9
5	15	30	45
8	24	48	72

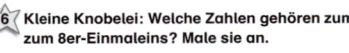

⑥ **Kleine Knobelei: Welche Zahlen gehören zum 4er- und zum 8er-Einmaleins? Male sie an.**

4	8	12	16	20	24

28	32	36	40	44

7er-Zahlen ⭐7 ⭐14 ⭐21 ⭐28 ⭐35 ⭐42 ⭐49 ⭐56 ⭐63 ⭐70

①
$1 \cdot 7 = 7$	$14 = 2 \cdot 7$	$28 : 7 = 4$
$2 \cdot 7 = 14$	$70 = 10 \cdot 7$	$56 : 7 = 8$
$3 \cdot 7 = 21$	$21 = 3 \cdot 7$	$14 : 7 = 2$
$4 \cdot 7 = 28$	$7 = 1 \cdot 7$	$70 : 7 = 10$
$5 \cdot 7 = 35$	$63 = 9 \cdot 7$	$42 : 7 = 6$
$6 \cdot 7 = 42$	$35 = 5 \cdot 7$	$63 : 7 = 9$
$7 \cdot 7 = 49$	$56 = 8 \cdot 7$	$35 : 7 = 5$
$8 \cdot 7 = 56$	$28 = 4 \cdot 7$	$49 : 7 = 7$
$9 \cdot 7 = 63$	$49 = 7 \cdot 7$	$7 : 7 = 1$
$10 \cdot 7 = 70$	$42 = 6 \cdot 7$	$21 : 7 = 3$

②
·	2	4	8
6	12	24	48
7	14	28	56

·	3	6	9
6	18	36	54
7	21	42	63

③ **Teilen mit Rest**

$42 : 7 = 6$	$28 : 7 = 4$	$56 : 7 = 8$
$43 : 7 = 6 \text{ R } 1$	$30 : 7 = 4 \text{ R } 2$	$59 : 7 = 8 \text{ R } 3$
$44 : 7 = 6 \text{ R } 2$	$32 : 7 = 4 \text{ R } 4$	$62 : 7 = 8 \text{ R } 6$

---

① **Die Figuren sind aus diesen Flächen zusammengesetzt:**

Zeichne die Flächen in die Figuren ein und male sie an.

Verwende immer möglichst große Flächen.

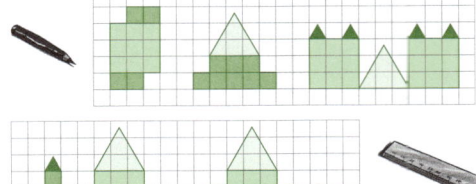

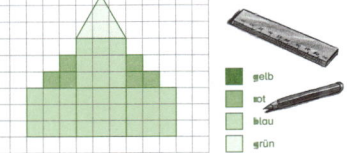

gelb
rot
blau
grün

Nun haben wir alle Malreihen.
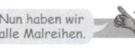

9er-Zahlen  9 18 27 36 45 54 63 72 81 90

①
1 · 9 = 9	18 = 2 · 9	27 : 9 = 3
2 · 9 = 18	81 = 9 · 9	54 : 9 = 6
3 · 9 = 27	27 = 3 · 9	18 : 9 = 2
4 · 9 = 36	9 = 1 · 9	90 : 9 = 10
5 · 9 = 45	63 = 7 · 9	9 : 9 = 1
6 · 9 = 54	36 = 4 · 9	45 : 9 = 5
7 · 9 = 63	54 = 6 · 9	36 : 9 = 4
8 · 9 = 72	90 = 10 · 9	63 : 9 = 7
9 · 9 = 81	45 = 5 · 9	81 : 9 = 9
10 · 9 = 90	72 = 8 · 9	72 : 9 = 8

②
·	9	6	3
7	63	42	21
9	81	54	27

·	8	4	2
7	56	28	14
9	72	36	18

③ **Teilen mit Rest**

54 : 9 = 6	36 : 9 = 4	72 : 9 = 8
55 : 9 = 6 R 1	38 : 9 = 4 R 2	75 : 9 = 8 R 3
57 : 9 = 6 R 3	40 : 9 = 4 R 4	80 : 9 = 8 R 8

22

Muster

① **Setze die** Muster **fort.**

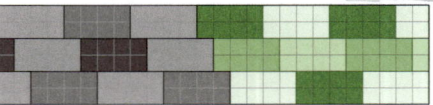

23

Rechenwege ⊕

① **Wie rechnest du?** 37 + 48 = 85

So?	Oder so?	Oder so?
37 + 40 = 77	30 + 40 = 70	+ 50
77 + 8 = 85	7 + 8 = 15	−2
	70 + 15 = 85	37 85 87

② **Rechne auf deinem Weg.**

57 + 25 = 82   46 + 46 = 92

58 + 36 = 94   34 + 28 = 62

73 + 19 = 92   66 + 27 = 93

22 + 39 = 61   48 + 17 = 65

24

Rechenwege ⊖

① **Wie rechnest du?** 76 − 28 = 48

So?	Oder so?	Oder so?
76 − 20 = 56	76 − 8 = 68	− 30
56 − 8 = 48	68 − 20 = 48	+2
		46 48 76

② **Rechne auf deinem Weg.**

93 − 25 = 68   86 − 49 = 37

52 − 36 = 16    61 − 28 = 33

74 − 57 = 17   47 − 19 = 28

45 − 26 = 19   83 − 45 = 38

25

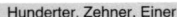

10 Zehnerstangen sind
1 Hunderterplatte.

① Hunderter

H	Z	E
2	0	0	= 200

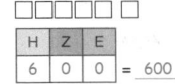

H	Z	E
6	0	0	= 600

H	Z	E
4	0	0	= 400

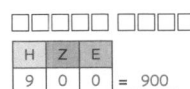

H	Z	E
9	0	0	= 900

② Hunderter und Zehner

H	Z	E
1	1	0	= 110

H	Z	E
5	8	0	= 580

H	Z	E
3	4	0	= 340

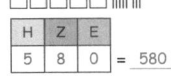

H	Z	E
7	3	0	= 730

H	Z	E
4	2	0	= 420

H	Z	E
9	6	0	= 960

26

③ Hunderter, Zehner, Einer

H	Z	E
1	1	3	= 113

H	Z	E
5	7	5	= 575

H	Z	E
2	3	4	= 234

H	Z	E
8	0	7	= 807

H	Z	E
2	0	2	= 202

H	Z	E
6	6	6	= 666

④ Verbinde Bild und Zahl.

| 440 | 480 | 840 | 804 | 48 | 408 | 84 |

27

Zerlege, zeichne, schreibe.

① B

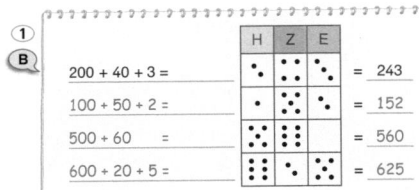

	H	Z	E	
200 + 40 + 3 =				= 243
100 + 50 + 2 =				= 152
500 + 60 =				= 560
600 + 20 + 5 =				= 625

② B

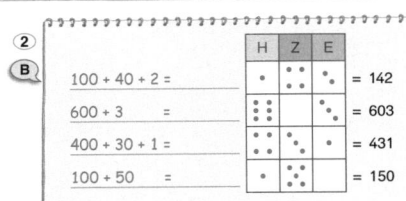

	H	Z	E	
100 + 40 + 2 =				= 142
600 + 3 =				= 603
400 + 30 + 1 =				= 431
100 + 50 =				= 150

③

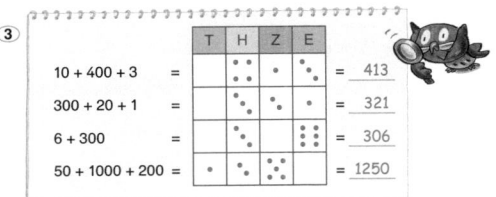

	T	H	Z	E	
10 + 400 + 3 =					= 413
300 + 20 + 1 =					= 321
6 + 300 =					= 306
50 + 1000 + 200 =					= 1250

28

Ich kann das Plättchen
zu den H, Z oder E legen.

**④ Lege jeweils ein Plättchen dazu.
Welche Zahlen entstehen?**

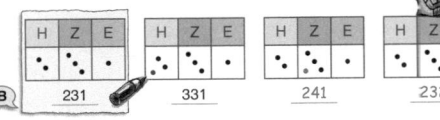

B | 231 | 331 | 241 | 232 |

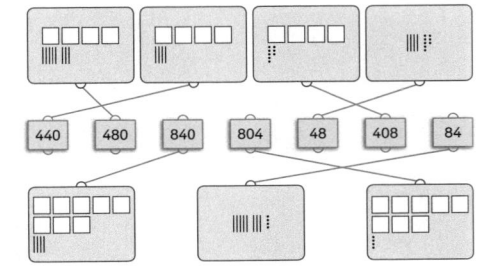

| 624 | 724 | 634 | 625 |

**⑤ Nimm jeweils ein Plättchen weg.
Welche Zahlen entstehen?**

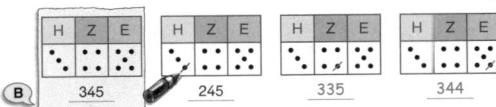

B | 345 | 245 | 335 | 344 |

| 123 | 23 | 113 | 122 |

29

① Wie viele Gegenstände erkennst du? 9
Färbe Säge, Hammer und Schraubenschlüssel.

② **Original und Fälschung**
Kreuze im rechten Bild die 9 Fehler an.

30

① Aus wie vielen Würfeln
ist jedes Gebäude aufgebaut?

35 Würfel   30 Würfel

26 Würfel   50 Würfel

31

---

① Trage alle fehlenden Zahlen ein.

501	502	503	504	505	506	507	508	509	510
511	512	513	514	515	516	517	518	519	520
521	522	523	524	525	526	527	528	529	530
531	532	533	534	535	536	537	538	539	540
541	542	543	544	545	546	547	548	549	550
551	552	553	554	555	556	557	558	559	560
561	562	563	564	565	566	567	568	569	570
571	572	573	574	575	576	577	578	579	580
581	582	583	584	585	586	587	588	589	590
591	592	593	594	595	596	597	598	599	600

② Ergänze.

Du kannst auch
oben nachschauen!

515		517
526	527
	537

| 560 |
569	570
	580
	590

590	538
600	548
	558	559

| 543 | 544 | 545 |
| 553 | | 555 |

| 510 |
| 519 |

| 543 |
| 552 | 553 | 554 |
| | 564 |

| 506 | 507 | 508 | 509 | | 528 | | 504 | 505 | 506 |

③ Ausschnitte aus verschiedenen Hundertertafeln: Ergänze.

| 845 |
| 855 |
| 865 |

728	729	730
	631	632	633
		642

| 569 | 570 |
| 579 |
| 589 | 590 |

| 223 | 224 |
| 233 | 234 | 235 |

| 964 | 965 |
| | 975 | 976 | 977 |

744	745	746
	756
765	766

| 451 | 452 | 453 | 454 | 455 |
| | 463 | | 465 |

772	773	774
782	783	784
792	793	794	795

| 775 |
| 785 |

462	463	464
472	473	474	475
482	483	484

④ **Kleine Knobelei: Wie heißt die Zahl?**

a) Meine Zahl steht zwei Felder unter 453. 473

b) Meine Zahl steht ein Feld schräg rechts unter 631. 642

c) Meine Zahl steht drei Felder über 875. 845

d) Meine Zahl steht ein Feld schräg links unter 783. 792

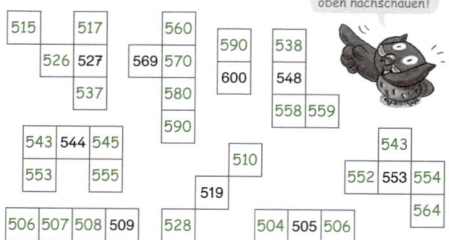

32   33

Zahlenstrahl

Die Aufgaben gehen rechts weiter.

① Trage alle Hunderterzahlen ein.

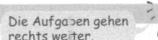

```
|++++|++++|++++|++++|++++|++++
0    100  200  300  400  500
```

```
+++|++++|++++|++++|++++|++++|→
600   700   800   900   1000
```

② Trage alle Zahlen mit 5 Zehnern ein.

```
|++++|++++|++++|++++|++++|++++|++++|++++|++++|++++|
0   50  100 150 200 250 300 350 400 450 500
```

```
+++|++++|++++|++++|++++|++++|++++|++++|++++|++++|
550 600 650 700 750 800 850 900 950 1000
```

③ Zähle in 50er-Schritten vorwärts ...

a) 50, 100, _150_ , _200_ , _250_ , _300_ , _350_ , _400_ , 450

c) 300, 350, _400_ , _450_ , _500_ , _550_ , _600_ , _650_ , 700

e) 600, 650, _700_ , _750_ , _800_ , _850_ , _900_ , _950_ , 1000

... und rückwärts.

b) 650, 600, _550_ , _500_ , _450_ , _400_ , _350_ , _300_ , 250

d) 400, 350, _300_ , _250_ , _200_ , _150_ , _100_ , _50_ , 0

f) 850, 800, _750_ , _700_ , _650_ , _600_ , _550_ , _500_ , 450

④ Verbinde.

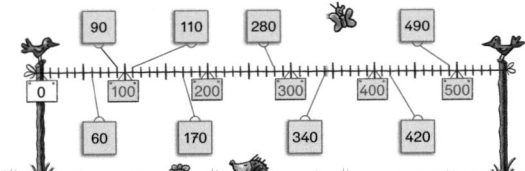

⑤ Wie heißen die Zahlen?

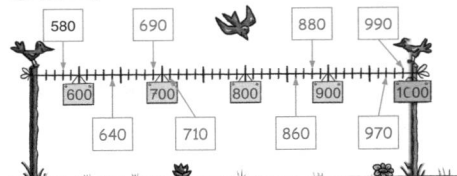

580   690   880   990

600   700   800   900   1000

640   710   860   970

34

35

Nachbarzahlen

① Ordne die Zahlen der Größe nach.

243   867   374
534   152

152 243 374 534 867

792   356   189
257   645

189 257 356 645 792

745   732   789
724   756

724 732 745 756 789

456   564   654
645   465

456 465 564 645 654

② Nachbarzahlen

Welche Zahl steht dazwischen?

B

352	353	354
734	735	736
947	948	949

441	442	443
673	674	675
135	136	137

238	239	240
560	561	562
986	987	988

③ Nachbarzahlen

Welche Zahl steht davor und welche dahinter?

B

Vorgänger	Zahl	Nachfolger
463	464	465
337	338	339
293	294	295
164	165	166

Vorgänger	Zahl	Nachfolger
509	510	511
449	450	451
779	780	781
829	830	831

④ Nachbarzehner

Zwischen welchen Zehnern stehen die Zahlen?

B

640	643	650
730	731	740
490	497	500
160	162	170
510	513	520

920	928	930
680	684	690
350	359	360
880	885	890
780	789	790

510	516	520
340	347	350
280	232	290
960	934	970
410	419	420

⑤ Nachbarhunderter

Zwischen welchen Hundertern stehen die Zahlen?

B

500	534	600
200	243	300
600	658	700
300	379	400
400	456	500

400	426	500
100	157	200
900	945	1000
700	723	800
500	548	600

200	275	300
800	842	900
300	360	400
900	936	1000
700	705	800

⑥ Vergleiche: < >

264 < 266   741 > 417   824 < 842

655 > 653   345 < 534   996 > 969

803 > 800   267 < 672   673 > 637

537 > 535   468 < 864   341 > 314

36

37

① Welche Häuser haben eine Symmetrieachse ?
   Zeichne ein.

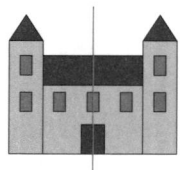

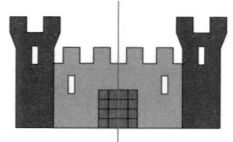
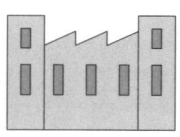

Aufgepasst:
Spiegelbild!

② Welches Fahrzeug siehst du im Rückspiegel?
   Kreise es ein.

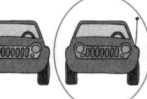

Kopfrechnen bis 1000 (1)

Denk immer an die
kleine Aufgabe!

① Von kleinen zu großen Aufgaben

a)

10	
6	4
2	8
5	5

100	
60	40
20	80
50	50

1000	
600	400
200	800
500	500

b)
4 + 2 = 6	7 + 1 = 8	5 + 4 = 9
40 + 20 = 60	70 + 10 = 80	50 + 40 = 90
400 + 200 = 600	700 + 100 = 800	500 + 400 = 900
440 + 220 = 660	770 + 110 = 880	550 + 440 = 990

② Rechne und ergänze jeweils die letzten Aufgaben.

2 + 4 = 6	6 + 3 = 9	5 + 1 = 6
20 + 40 = 60	60 + 30 = 90	50 + 10 = 60
120 + 40 = 160	160 + 30 = 190	150 + 10 = 160
220 + 40 = 260	260 + 30 = 290	250 + 10 = 260
320 + 40 = 360	360 + 30 = 390	350 + 10 = 360

③

Immer die gleichen
Grundsteine, aber ...

Rechnen bis 1000 –
kein Problem!

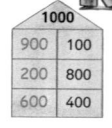

④ Von kleinen zu großen Aufgaben

a)

10	
9	1
2	8
6	4

100	
90	10
20	80
60	40

1000	
900	100
200	800
600	400

b)
9 − 4 = 5	6 − 3 = 3	8 − 5 = 3
90 − 40 = 50	60 − 30 = 30	80 − 50 = 30
900 − 400 = 500	600 − 300 = 300	800 − 500 = 300
990 − 440 = 550	660 − 330 = 330	880 − 550 = 330

⑤ Rechne und ergänze jeweils die letzten Aufgaben.

7 − 2 = 5	9 − 3 = 6	5 − 4 = 1
70 − 20 = 50	90 − 30 = 60	50 − 40 = 10
170 − 20 = 150	190 − 30 = 160	150 − 40 = 110
270 − 20 = 250	290 − 30 = 260	250 − 40 = 210
370 − 20 = 350	390 − 30 = 360	350 − 40 = 310

⑥

① Welche Stelle ändert sich? Kennzeichne sie mit einem Punkt. Rechne.

Wenn ich die 3 Hunderter dazugebe, dann ändert sich die H-Stelle.

Wenn ich die 3 Zehner dazugebe, dann ändert sich die Z-Stelle. Wenn ich die 3 E ...

... und wenn ich H und Z dazugebe, ...

$154 + 300 = 454$
$154 + \ 30 = 184$
$154 + \ \ 3 = 157$
$154 + 330 = 484$

a)
$235 + 400 = 635$
$235 + \ 40 = 275$
$235 + \ \ 4 = 239$

$235 + 440 = 675$
$235 + 404 = 639$
$235 + 444 = 679$

$541 + 300 = 841$
$541 + \ 30 = 571$
$541 + \ \ 3 = 544$

$541 + 330 = 871$
$541 + 303 = 844$
$541 + 333 = 874$

b)
$869 - 500 = 369$
$869 - \ 50 = 819$
$869 - \ \ 5 = 864$

$869 - 550 = 319$
$869 - 505 = 364$
$869 - 555 = 314$

$798 - 600 = 198$
$798 - \ 60 = 738$
$798 - \ \ 6 = 792$

$798 - 660 = 138$
$798 - 606 = 192$
$798 - 666 = 132$

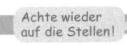 

② Von leichten zu schwierigeren Aufgaben

a)
$300 + 200 = 500$
$340 + 200 = 540$
$340 + 230 = 570$
$345 + 230 = 575$
$345 + 231 = 576$

$600 + 300 = 900$
$610 + 300 = 910$
$610 + 350 = 960$
$616 + 350 = 966$
$616 + 351 = 967$

b)
$700 - 300 = 400$
$750 - 300 = 450$
$750 - 320 = 430$
$758 - 320 = 438$
$758 - 325 = 433$

$900 - 400 = 500$
$970 - 400 = 570$
$970 - 430 = 540$
$976 - 430 = 546$
$976 - 434 = 542$

③

+	3	30	300
63	66	93	363
163	166	193	463
463	466	493	763
663	666	693	963

−	4	40	400
486	482	446	86
586	582	546	186
786	782	746	386
886	882	846	486

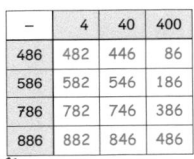

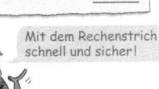

① Wie rechnest du? $258 + 135 = 393$

So?

$258 + 100 = 358$
$358 + \ 30 = 388$
$388 + \ \ 5 = 393$

Oder so?

$200 + 100 = 300$
$\ 50 + \ 30 = \ 80$
$\ \ 8 + \ \ 5 = \ 13$
$300 + 80 + 13 = 393$

Oder so?

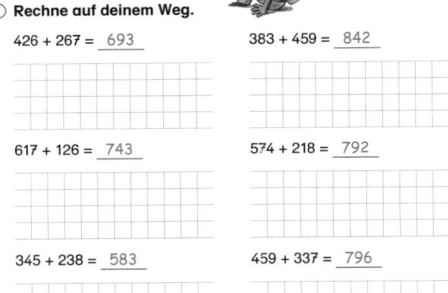

$+100 \quad +30 \quad +5$

$258 \quad 358 \quad 388 \quad 393$

Mit dem Rechenstrich schnell und sicher!

② Rechne auf deinem Weg.

$426 + 267 = 693$

$383 + 459 = 842$

$617 + 126 = 743$

$574 + 218 = 792$

$345 + 238 = 583$

$459 + 337 = 796$

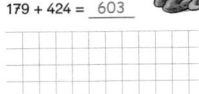

③ Löse auch diese Aufgaben auf deinem Weg.

$453 + 268 = 721$

$179 + 424 = 603$

$755 + 167 = 922$

$407 + 436 = 843$

$284 + 529 = 813$

$616 + 148 = 764$

$147 + 145 = 292$

$343 + 508 = 851$

④ Kleine Knobelei: Ergänze.

$526 + \underline{308} = 834$

$459 + \underline{455} = 914$

① Wie rechnest du?

483 − 257 = 226

So?

483 − 200 = 283
283 − 50 = 233
233 − 7 = 226

Oder so?

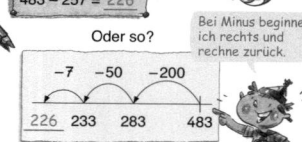

Bei Minus beginne ich rechts und rechne zurück.

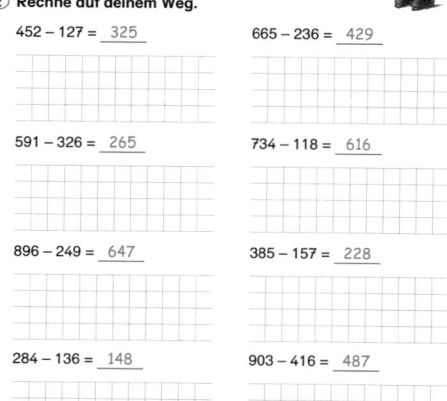

−7 −50 −200

226 233 283 483

② Rechne auf deinem Weg.

452 − 127 = 325

665 − 236 = 429

591 − 326 = 265

734 − 118 = 616

896 − 249 = 647

385 − 157 = 228

284 − 136 = 148

903 − 416 = 487

46

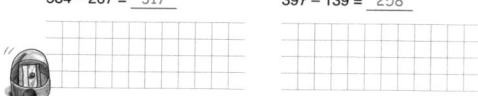

③ Löse auch diese Aufgaben auf deinem Weg. Üben macht fit!

693 − 428 = 265

761 − 354 = 407

584 − 267 = 317

397 − 139 = 258

472 − 316 = 156

656 − 428 = 228

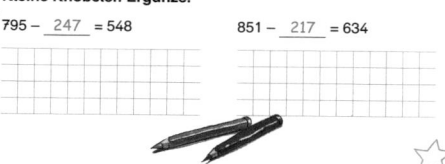

Ich kann es!

④ Kleine Knobelei: Ergänze.

795 − 247 = 548

851 − 217 = 634

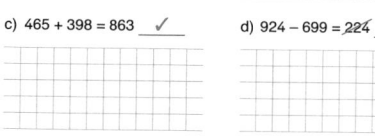

47

Nutze immer die Hund'nähe! **TiPP**

① Plusaufgaben

a) 427 + 299 = 726

Erst 300 dazu, dann 1 weg …

+300
−1
427 726 727

b) 356 + 397 = 753

+400
−3
356 753 756

c) 568 + 296 = 864

+300
−4
568 864 868

d) 273 + 198 = 471

+200
−2
273 471 473

② Minusaufgaben

a) 532 − 198 = 334

Erst 200 weg, dann 2 dazu …

−200
+2
332 334 532

b) 445 − 299 = 146

−300
+1
145 146 445

c) 672 − 397 = 275

−400
+3
272 275 672

d) 964 − 598 = 366

−600
+2
364 366 964

48

---

① Richtig oder falsch?

a)
240 + 50 = ~~245~~ 290
320 + 6 = 326 ✓
411 + 200 = ~~600~~ 611
532 + 120 = ~~552~~ 652

b)
565 + 30 = 595 ✓
743 + 3 = ~~773~~ 746
607 + 300 = ~~637~~ 907
446 + 210 = ~~646~~ 656

c)
760 − 300 = ~~730~~ 460
550 − 40 = 510 ✓
999 − 8 = ~~919~~ 991
1000 − 290 = ~~810~~ 710

d)
877 − 6 = ~~817~~ 871
648 − 30 = 618 ✓
456 − 200 = ~~250~~ 256
785 − 505 = 280 ✓

② Richtig oder falsch? Überprüfe auf deinem Weg.

Achte auf Fehler!

a) 389 + 247 = ~~536~~ 636

b) 817 − 484 = 333 ✓

c) 465 + 398 = 863 ✓

d) 924 − 699 = ~~224~~ 225

49

① **Suche die Kinder im Bild. Kreise sie ein.**

Hanna   Paula   Simon   Andreas

Lukas   Sarah   Florian   Laura

50

51

Schriftlich addieren (1)

$$\begin{array}{r} 273 \\ + 412 \\ \hline 685 \end{array}$$

① **Aufgaben ohne Übertrag**

B
2 3 6	3 0 4	4 1 7	4 2 7	8 0 3
+ 3 1 2	+ 4 7 4	+ 7 2	+ 3 6 2	+ 1 9 6
5 4 8	7 7 8	4 8 9	7 8 9	9 9 9

② **Aufgaben mit einem Übertrag**

B
3 5 5	3 8	2 5 6	8 3 4	7 3 2
+ 4 3 8	+ 5 4 5	+ 3 3 7	+ 4 9	+ 1 4 9
1	1	1	1	1
7 9 3	5 8 3	5 9 3	8 8 3	8 8 1

4 6 2	3 9 6	2 5 4	6 8 6	5 6 1
+ 2 5 6	+ 5 7 3	+ 6 8 5	+ 2 5 3	+ 2 5 6
1	1	1	1	1
7 1 8	9 6 9	9 3 9	9 3 9	8 1 7

③ **Achtung: zwei Überträge!**

B
3 5 7	2 3 6	6 3 5	5 9 3	4 8 9
+ 4 6 9	+ 1 9 7	+ 2 9 8	+ 2 7 8	+ 3 6 4
1 1	1 1	1 1	1 1	1 1
8 2 6	4 3 3	9 3 3	8 7 1	8 5 3

3 6 2	7 4 9	2 6 8	6 5 7	2 8 4
+ 4 7 8	+ 1 9 1	+ 3 5 4	+ 2 7 4	+ 5 2 7
1 1	1 1	1 1	1 1	1 1
8 4 0	9 4 0	6 2 2	9 3 1	8 1 1

52

---

④ **Kreise ein und rechne.**

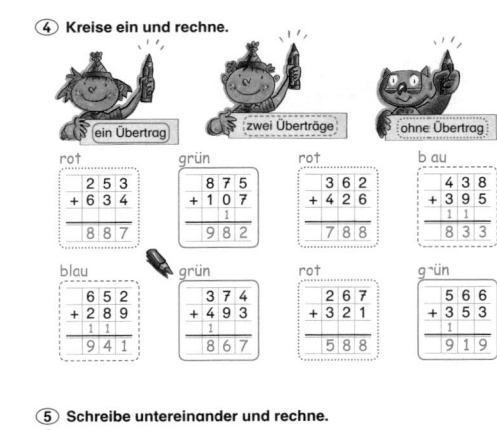

ein Übertrag   zwei Überträge   ohne Übertrag

rot
2 5 3
+ 6 3 4
8 8 7

grün
8 7 5
+ 1 0 7
9 8 2

rot
3 6 2
+ 4 2 6
7 8 8

blau
4 3 8
+ 3 9 5
1 1
8 3 3

blau
6 5 2
+ 2 8 9
1 1
9 4 1

grün
3 7 4
+ 4 9 3
1
8 6 7

rot
2 6 7
+ 3 2 1
5 8 8

grün
5 6 6
+ 3 5 3
1
9 1 9

⑤ **Schreibe untereinander und rechne.**

321 + 253
3 2 1
+ 2 5 3
5 7 4

612 + 367
6 1 2
+ 3 6 7
9 7 9

205 + 97
2 0 5
+ 9 7
1 1
3 0 2

624 + 287
6 2 4
+ 2 8 7
1 1
9 1 1

309 + 436
3 0 9
+ 4 3 6
7 4 5

41 + 208
4 1
+ 2 0 8
2 4 9

342 + 487
3 4 2
+ 4 8 7
1
8 2 9

564 + 436
5 6 4
+ 4 3 6
1 1
1 0 0 0

53

① Suche in jeder Aufgabe den Fehler.
   Verbinde mit der passenden Lupe. Rechne richtig.

```
327     3 2 7        364     3 6 4        512     5 1 2
+418  + 4 1 8       +275  + 2 7 5        + 41  +   4 1
          1                   1
735     7 4 5        629     6 3 9        922     5 5 3
```

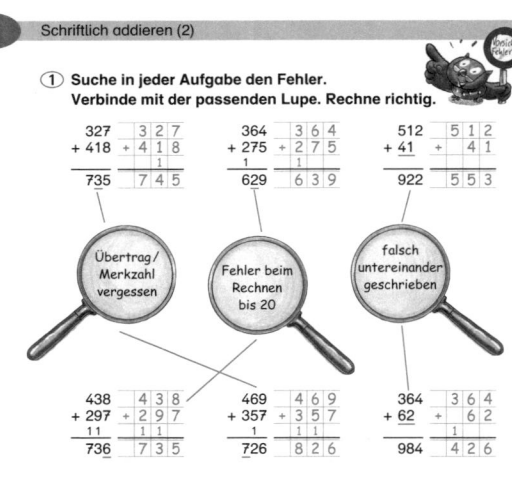

Übertrag/Merkzahl vergessen

Fehler beim Rechnen bis 20

falsch untereinander geschrieben

```
438     4 3 8        469     4 6 9        364     3 6 4
+297  + 2 9 7       +357  + 3 5 7        + 62  +   6 2
 11                            1                     1
736     7 3 5        726     8 2 6        984     4 2 6
```

② Rechne nur die Aufgaben, deren Ergebnisse
   zwischen 400 und 800 liegen.

Ich schau mir zuerst die Hunderter an.

```
 327     436     518     308
+249    +291    +342    +453
  1                       1
 576     727             761

 156     483     368     375
+209    +316    +254    +456
                  1
         799     622
```

54

---

③ Schreibe untereinander und rechne.

```
243 + 305 + 412        143 + 306 + 426        13 + 263 + 182
    2 4 3                  1 4 3                     1 3
    3 0 5                  3 0 6                  2 6 3
  + 4 1 2                + 4 2 6                + 1 8 2
      1                      1                      1
    9 6 0                  8 7 5                  4 5 8

134 + 265 + 318        307 + 86 + 137         243 + 306 + 418
    1 3 4                  3 0 7                  2 4 3
    2 6 5                    8 6                  3 0 6
  + 3 1 8                + 1 3 7                + 4 1 8
    1 1                      1 2                    1
    7 1 7                  5 3 0                  9 6 7
```

④ Rechne immer nur die drei Aufgaben, bei denen …

a) … genau 500 herauskommt.

```
    2 8 6        3 7 4        1 8 3        1 4 8
  + 2 1 4      + 2 3 7      + 3 1 7      + 3 5 2
    1 1                       1 1          1 1
    5 0 0                     5 0 0        5 0 0
```

b) … genau 800 herauskommt.

```
    5 2 4        3 1 8        2 3 4        6 2 5
  + 2 7 6      + 4 8 2      + 5 9 3      + 1 7 5
    1 1          1 1                      1 1
    8 0 0        8 0 0                    8 0 0
```

c) … genau 1000 herauskommt.

```
    5 7 4        3 5 7        8 3 1        4 2 8
  + 4 2 6      + 5 4 3      + 1 6 9      + 5 7 2
    1 1                       1 1          1 1
  1 0 0 0                   1 0 0 0      1 0 0 0
```

55

```
987
-234
753
```

① Rechne.

```
  5 4 6        8 7 3        6 6 6        6 3 7
- 3 1 5      - 6 2 1      - 3 4 5      - 4 0 6
  2 3 1        2 5 2        3 2 1        2 3 1
```

② Hier musst du wechseln.

Du kannst die Aufgaben auch so lösen:

```
    4 10            7 10
  7 5̶ 6          8 4̶ 9            7 5 6        8 4 9
- 2 3 8        - 3 9 7          - 2 3 8      - 3 9 7
  5 1 8          4 5 2            5 1 8        4 5 2
```

B   B   B   B

```
  6 5 6        7 8 4        6 7 4        9 7 5
- 4 3 8      - 3 5 7      - 2 3 9      - 6 3 8
  2 1 8        4 2 7        4 3 5        3 3 7

  6 5 6        7 5 4        6 1 9        9 3 8
- 4 7 3      - 3 8 2      - 3 5 4      - 6 7 3
  1 8 3        3 7 2        2 6 5        2 6 5
```

③ Achtung: Hier musst du zweimal wechseln.

```
  6 2 5        8 0 1        6 8 4        4 7 2
- 3 4 7      - 5 4 7      - 5 9 7      - 3 9 6
  2 7 8        2 5 4          8 7          7 6
```

56

---

④ Kreise ein. Rechne.

einmal wechseln   zweimal wechseln   nicht wechseln

grün   blau   rot   grün

```
  6 3 4        8 6 4        9 0 3        7 3 8
- 3 5 2      - 5 4 1      - 4 2 6      - 4 9 3
  2 8 2        3 2 3        4 7 7        2 4 5

  8 6 2        8 3 6        4 6 2        9 4 7
- 3 4 2      - 5 4 2      - 2 8 5      - 6 2 4
  5 2 0        2 9 4        1 7 7        3 2 3
```

blau   grün   rot   blau

⑤ Schreibe untereinander und rechne.

```
427 – 215        614 – 253        906 – 434        813 – 57
  4 2 7            6 1 4            9 0 6            8 1 3
- 2 1 5          - 2 5 3          - 4 3 4          -   5 7
  2 1 2            3 6 1            4 7 2            7 5 6

764 – 87         908 – 327        411 – 246
  7 6 4            9 0 8            4 1 1
-   8 7          - 3 2 7          - 2 4 6
  6 7 7            5 8 1            1 6 5
```

57

1 Suche in jeder Aufgabe den Fehler.
Verbinde mit der passenden Lupe. Rechne richtig.

689	6 8 9	493	4 9 3	616	6 1 6
− 451	− 4 5 1	− 256	− 2 5 6	− 383	− 3 8 3
			1		
237	2 3 8	749	2 3 7	333	2 3 3

Fehler beim Rechnen bis 20

Wechseln/ Übertrag nicht beachtet

⊕ und ⊖ vertauscht

953	9 5 3	624	6 2 4	983	9 8 3
− 228	− 2 2 8	− 263	− 2 6 3	− 576	− 5 7 6
735	7 2 5	887	3 6 1	417	4 0 7

2 Rechne nur die Aufgaben, deren Ergebnisse
zwischen 300 und 600 liegen.

Wie viele Aufgaben kann ich mir wohl sparen?

8 4 3	5 5 4	9 1 6	8 3 4
− 4 3 1	− 1 3 3	− 1 8 7	− 3 4 2
4 1 2	4 2 1		4 9 2

9 9 9	7 4 8	6 3 8	4 5 6
− 6 6 6	− 2 2 9	− 2 8 7	− 2 1 3
3 3 3	5 1 9	3 5 1	

1 Ordne den Körpern Namen und Eigenschaften zu.

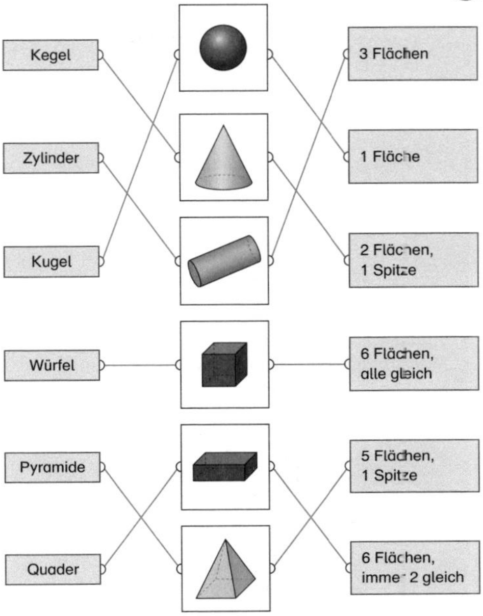

Kegel

Zylinder

Kugel

Würfel

Pyramide

Quader

3 Flächen

1 Fläche

2 Flächen, 1 Spitze

6 Flächen, alle gleich

5 Flächen, 1 Spitze

6 Flächen, immer 2 gleich

Welche Ziffern sind verdeckt?

Mit der Umkehraufgabe ist es gar nicht schwer.

1

2 3 6	4 5 2	4 1 6	5 8 2
+ 4 5 2	+ 3 1 7	+ 3 0 2	+ 3 0 3
6 8 8	7 6 9	7 1 8	8 8 5

4 1 7	3 5 1	1 8 1	3 6 7	5 4 6
+ 3 8 2	+ 4 3 5	+ 6 1 7	+ 4 2 2	+ 1 5 2
7 9 9	7 8 6	7 9 8	7 8 9	6 9 8

2

7 7 6	5 8 4	8 3 6	8 6 5
− 4 2 3	− 4 3 2	− 7 1 4	− 4 0 3
3 5 3	1 5 2	1 2 2	4 6 2

6 7 8	9 8 7	6 3 9	4 7 8	9 3 8
− 5 4 3	− 6 5 4	− 4 0 7	− 1 5 6	− 5 1 4
1 3 5	3 3 3	2 3 2	3 2 2	4 2 4

Tinte

Das geht doch nur mit Übertrag oder Wechseln.

3

4 1 6	2 5 4	5 4 2	4 5 6
+ 5 2 7	+ 5 8 3	− 3 2 4	− 2 6 2
1	1		
9 4 3	8 3 7	2 1 8	1 9 4

1 Streiche alle Netze durch, die keinen Würfel ergeben.

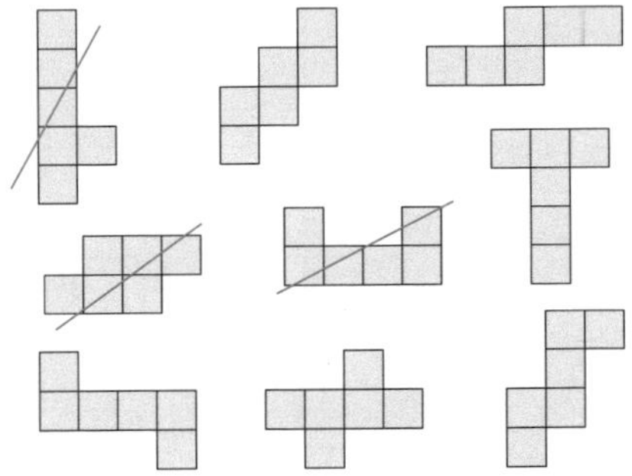

2 Welches Netz passt zum Würfel? Kreise ein.

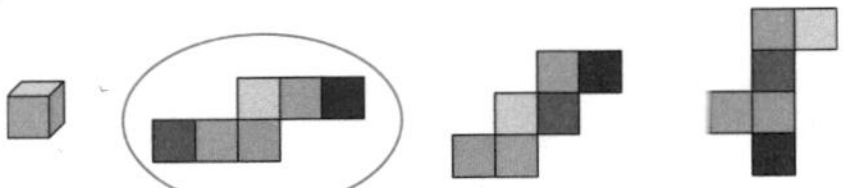

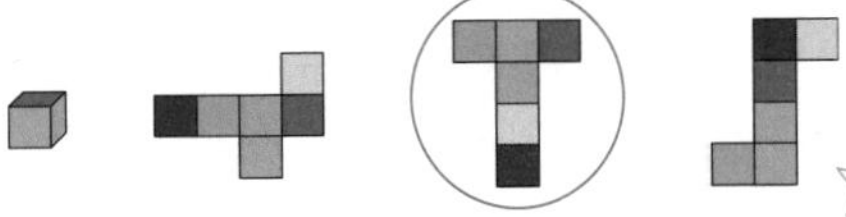

	H	Z	E
6 · 1			6
6 · 10		6	0
6 · 100	6	0	0

① 7 · 10 = __70__   7 · 100 = __700__
4 · 10 = __40__   4 · 100 = __400__
8 · 10 = __80__   8 · 100 = __800__
9 · 10 = __90__   9 · 100 = __900__
5 · 10 = __50__   5 · 100 = __500__

	H	Z	E
600 : 1	6	0	0
600 : 10		6	0
600 : 100			6

② 70 : 10 = __7__   700 : 100 = __7__
40 : 10 = __4__   400 : 100 = __4__
80 : 10 = __8__   800 : 100 = __8__
90 : 10 = __9__   900 : 100 = __9__
50 : 10 = __5__   500 : 100 = __5__

③ **Zu welchem Haus geht Bim?**
Rechne und zeichne den Weg ein.

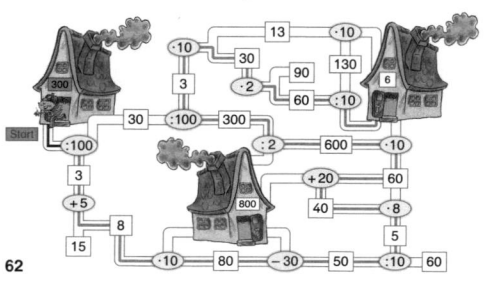

①
3 · 5 = __15__   6 · 7 = __42__   3 · 9 = __27__
3 · 50 = __150__   6 · 70 = __420__   3 · 90 = __270__
30 · 5 = __150__   60 · 7 = __420__   30 · 9 = __270__

9 · 8 = __72__   9 · 7 = __63__   7 · 5 = __35__
9 · 80 = __720__   9 · 70 = __630__   7 · 50 = __350__
90 · 8 = __720__   90 · 7 = __630__   70 · 5 = __350__

②
15 : 5 = __3__   15 : 3 = __5__   12 : 4 = __3__
150 : 5 = __30__   150 : 3 = __50__   120 : 4 = __30__
150 : 50 = __3__   150 : 30 = __5__   120 : 40 = __3__

32 : 4 = __8__   42 : 7 = __6__   56 : 8 = __7__
320 : 4 = __80__   420 : 7 = __60__   560 : 8 = __70__
320 : 40 = __8__   420 : 70 = __6__   560 : 80 = __7__

③

120	180
3 · 40	3 · 60
30 · 4	30 · 6
2 · 60	2 · 90
20 · 6	20 · 9

B

62   63

---

① **Merke dir die Figur und zeichne sie nach.**

Und so wird's
gemacht:

Merke dir eine Figur
aus der linken Spalte.

Falte das Blatt entlang
der gestrichelten Linie.
Decke die Figur zu.

Zeichne sie rechts
nach.

Kontrolliere das
Ergebnis.

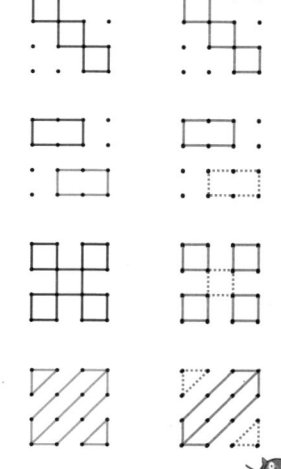

Das Geheimnis des Sternenhimmels
Auflösung Sternenbild: Schütze

64

3 **Ausschnitte aus verschiedenen Hundertertafeln: Ergänze.**

729

570

865

632

235

965

746

452

782

785

462

795

484

4 **Kleine Knobelei: Wie heißt die Zahl?**

a) Meine Zahl steht zwei Felder unter 453. _____

b) Meine Zahl steht ein Feld schräg rechts unter 631. _____

c) Meine Zahl steht drei Felder über 875. _____

d) Meine Zahl steht ein Feld schräg links unter 783. _____

Die Aufgaben gehen rechts weiter.

① Trage alle Hunderterzahlen ein.

0   100

② Trage alle Zahlen mit 5 Zehnern ein.

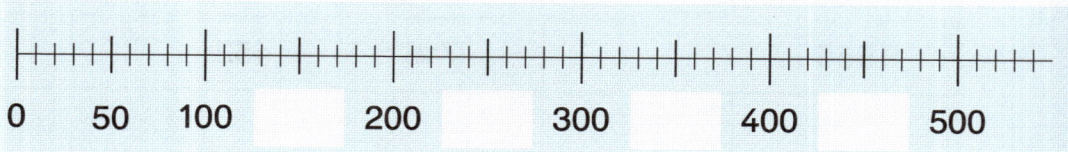

0   50   100   200   300   400   500

③ Zähle in 50er-Schritten vorwärts ...

a) 50, 100, _____, _____, _____, _____, _____, _____, 450

c) 300, 350, _____, _____, _____, _____, _____, _____, 700

e) 600, 650, _____, _____, _____, _____, _____, _____, 1000

④ Verbinde.

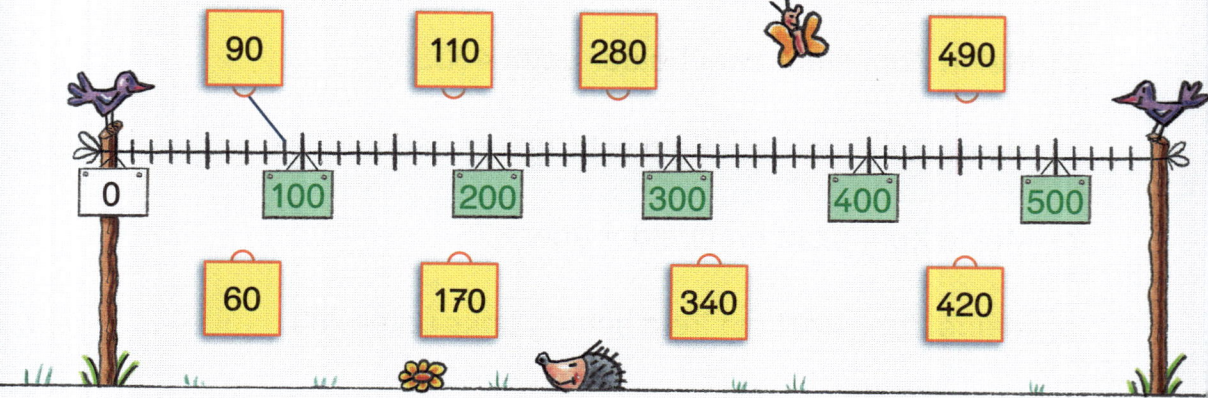

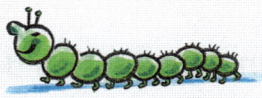

600

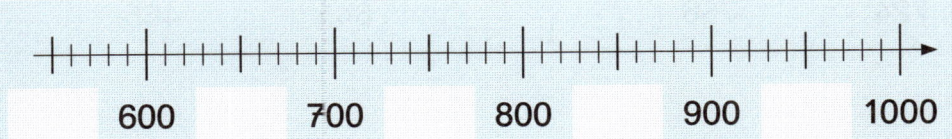

600   700   800   900   1000

… und rückwärts.

b) 650, 600, _____, _____, _____, _____, _____, _____, 250

d) 400, 350, _____, _____, _____, _____, _____, 0

f) 850, 800, _____, _____, _____, _____, _____, 450

5 **Wie heißen die Zahlen?**

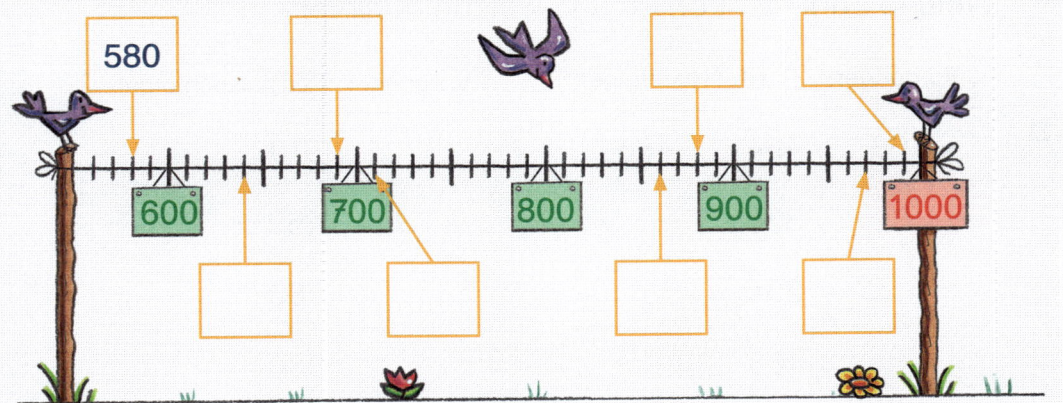

580

600   700   800   900   1000

1 **Ordne die Zahlen der Größe nach.**

243	867	374
534	~~152~~	

792	356	189
257	645	

152 ___ ___ ___ ___

745	732	789
724	756	

456	564	654
645	465	

2 **Nachbarzahlen**

Welche Zahl steht dazwischen?

B

352	353	354
734		736
947		949

441		443
673		675
135		137

238		240
560		562
986		988

3 **Nachbarzahlen**

Welche Zahl steht davor und welche dahinter?

B

Vorgänger	Zahl	Nachfolger
463	464	465
	338	
	294	
	165	

Vorgänger	Zahl	Nachfolger
	510	
	450	
	780	
	830	

4 Nachbarzehner

Zwischen welchen Zehnern stehen die Zahlen?

B

640	643	650		928			516	
___	731	___		684			347	
___	497	___		359			282	
___	162	___		885			964	
___	513	___		789			419	

5 Nachbarhunderter

Zwischen welchen Hundertern stehen die Zahlen?

B

500	534	600		426			275	
___	243	___		157			842	
___	658	___		945			360	
___	379	___		723			936	
___	456	___		548			705	

6 Vergleiche: < >

264 ◯ 266	741 ◯ 417	824 ◯ 842
655 ◯ 653	345 ◯ 534	996 ◯ 969
803 ◯ 800	267 ◯ 672	673 ◯ 637
537 ◯ 535	468 ◯ 864	341 ◯ 314

1 **Welche Häuser haben eine** Symmetrieachse **?**
Zeichne ein.

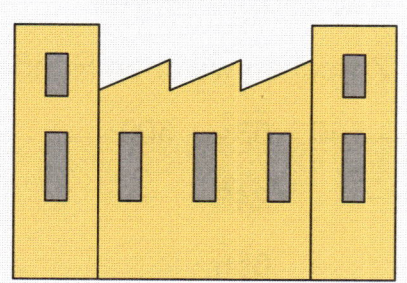

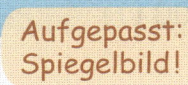

2   **Welches Fahrzeug siehst du im Rückspiegel?**
    Kreise es ein.

Denk immer an die kleine Aufgabe!

1 **Von kleinen zu großen Aufgaben**

a)

10	
6	4
2	
5	

100	
60	
20	
50	

1000	
600	
200	
500	

b)

4 + 2 = _____	7 + 1 = _____	5 + 4 = _____
40 + 20 = _____	70 + 10 = _____	50 + 40 = _____
400 + 200 = _____	700 + 100 = _____	500 + 400 = _____
440 + 220 = _____	770 + 110 = _____	550 + 440 = _____

2 **Rechne und ergänze jeweils die letzten Aufgaben.**

2 + 4 = _____	6 + 3 = _____	5 + 1 = _____
20 + 40 = _____	60 + 30 = _____	50 + 10 = _____
120 + 40 = _____	160 + 30 = _____	150 + 10 = _____
220 + _____	260 + _____	_____
_____		_____

3

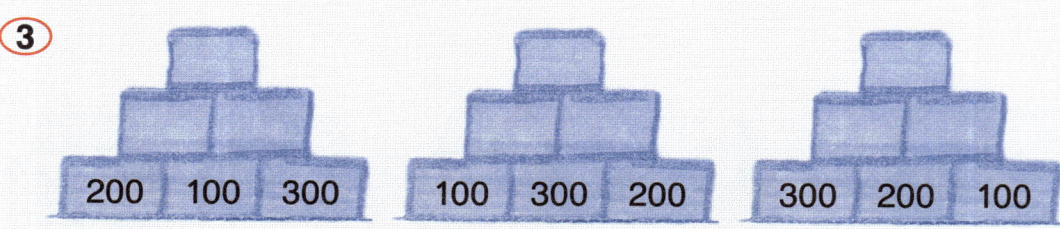

| 200 | 100 | 300 | | 100 | 300 | 200 | | 300 | 200 | 100 |

Immer die gleichen Grundsteine, aber ...

4 **Von kleinen zu großen Aufgaben**

a)

10	
9	1
	8
	4

100	
	10
	80
	40

1000	
	100
	800
	400

b)

9 –   4 = _____

90 – 40 = _____

900 – 400 = _____

990 – 440 = _____

6 –   3 = _____

60 – 30 = _____

600 – 300 = _____

660 – 330 = _____

8 –   5 = _____

80 – 50 = _____

800 – 500 = _____

880 – 550 = _____

5 **Rechne und ergänze jeweils die letzten Aufgaben.**

7 –   2 = _____

70 – 20 = _____

170 – 20 = _____

270 – _____

_____

9 –   3 = _____

90 – 30 = _____

190 – 30 = _____

290 – _____

_____

5 –   4 = _____

50 – 40 = _____

150 – 40 = _____

_____

_____

6

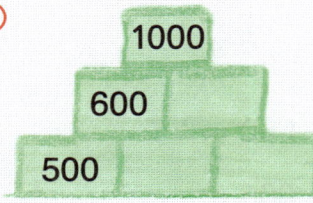

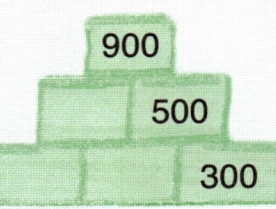

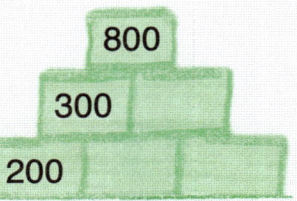

1 **Welche Stelle ändert sich? Kennzeichne sie mit einem Punkt.
Rechne.**

Wenn ich die 3 Hunderter dazugebe, dann ändert sich die H-Stelle.

Wenn ich die 3 Zehner dazugebe, dann ändert sich die Z-Stelle. Wenn ich die 3 E …

... und wenn ich H und Z dazugebe, …

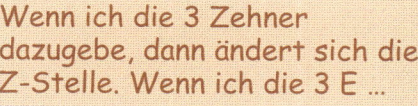

$$154 + 300 = 454$$
$$154 + 30 = 184$$
$$154 + 3 = \underline{\hspace{2cm}}$$
$$154 + 330 = \underline{\hspace{2cm}}$$

a)
$$235 + 400 = \underline{635}$$
$$235 + 40 = \underline{\hspace{2cm}}$$
$$235 + 4 = \underline{\hspace{2cm}}$$

$$235 + 440 = \underline{\hspace{2cm}}$$
$$235 + 404 = \underline{\hspace{2cm}}$$
$$235 + 444 = \underline{\hspace{2cm}}$$

$$541 + 300 = \underline{\hspace{2cm}}$$
$$541 + 30 = \underline{\hspace{2cm}}$$
$$541 + 3 = \underline{\hspace{2cm}}$$

$$541 + 330 = \underline{\hspace{2cm}}$$
$$541 + 303 = \underline{\hspace{2cm}}$$
$$541 + 333 = \underline{\hspace{2cm}}$$

b)
$$869 - 500 = \underline{\hspace{2cm}}$$
$$869 - 50 = \underline{\hspace{2cm}}$$
$$869 - 5 = \underline{\hspace{2cm}}$$

$$869 - 550 = \underline{\hspace{2cm}}$$
$$869 - 505 = \underline{\hspace{2cm}}$$
$$869 - 555 = \underline{\hspace{2cm}}$$

$$798 - 600 = \underline{\hspace{2cm}}$$
$$798 - 60 = \underline{\hspace{2cm}}$$
$$798 - 6 = \underline{\hspace{2cm}}$$

$$798 - 660 = \underline{\hspace{2cm}}$$
$$798 - 606 = \underline{\hspace{2cm}}$$
$$798 - 666 = \underline{\hspace{2cm}}$$

2 **Von leichten zu schwierigeren Aufgaben**

a)

300 + 200 = _____

340 + 200 = _____

340 + 230 = _____

345 + 230 = _____

345 + 231 = _____

600 + 300 = _____

610 + 300 = _____

610 + 350 = _____

616 + 350 = _____

616 + 351 = _____

b)

700 − 300 = _____

750 − 300 = _____

750 − 320 = _____

758 − 320 = _____

758 − 325 = _____

900 − 400 = _____

970 − 400 = _____

970 − 430 = _____

976 − 430 = _____

976 − 434 = _____

3

+	3	30	300
63			
163			
463			
663			

−	4	40	400
486			
586			
786			
886			

1 **Wie rechnest du?**   258 + 135 = _____

So?		Oder so?

So?

258 + 100 =   358

358 +   30 =   388

388 +   5 = _____

Oder so?

200 + 100 =   300

50 +   30 =   80

8 +   5 =   13

300 + 80 + 13 = _____

Oder so?

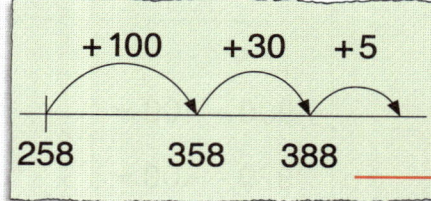

+100   +30   +5

258   358   388 _____

Mit dem Rechenstrich schnell und sicher!

2 **Rechne auf deinem Weg.**

426 + 267 = _____

383 + 459 = _____

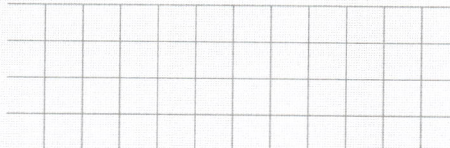

617 + 126 = _____

574 + 218 = _____

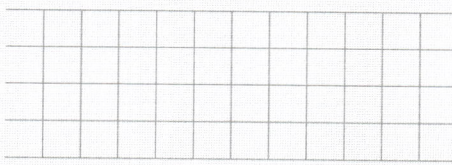
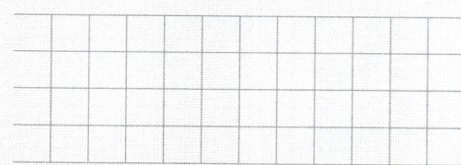

345 + 238 = _____

459 + 337 = _____

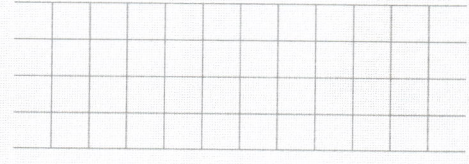
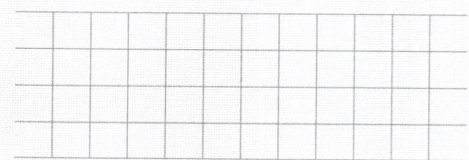

3 **Löse auch diese Aufgaben auf deinem Weg.**

453 + 268 = _____

179 + 424 = _____

755 + 167 = _____

407 + 436 = _____

284 + 529 = _____

616 + 148 = _____

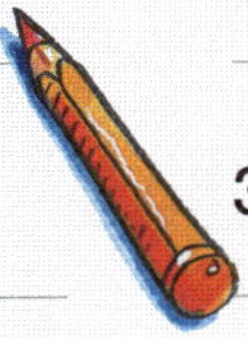

147 + 145 = _____

343 + 508 = _____

4 **Kleine Knobelei: Ergänze.**

526 + _____ = 834

459 + _____ = 914

45

① Wie rechnest du?

483 − 257 = _____

Bei Minus beginne
ich rechts und
rechne zurück.

So?

483 − 200 = 283

283 − 50 = 233

233 −   7 = _____

Oder so?

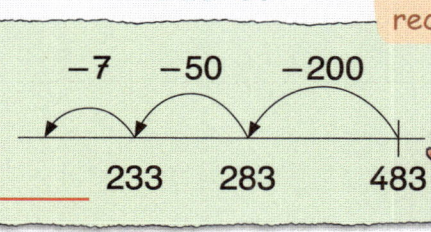

−7   −50   −200

_____ 233   283   483

② Rechne auf deinem Weg.

452 − 127 = _____

665 − 236 = _____

591 − 326 = _____

734 − 118 = _____

896 − 249 = _____

385 − 157 = _____

284 − 136 = _____

903 − 416 = _____

3 **Löse auch diese Aufgaben auf deinem Weg.**   Üben macht fit!

693 − 428 = _____

761 − 354 = _____

584 − 267 = _____

397 − 139 = _____

472 − 316 = _____

656 − 428 = _____

Ich kann es!

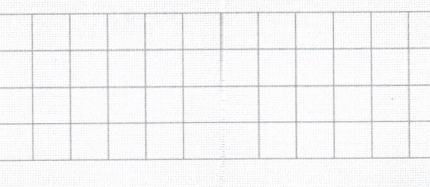

4 **Kleine Knobelei: Ergänze.**

795 − _____ = 548

851 − _____ = 634

Nutze immer die Hunderternähe!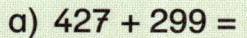

TiPP

① Plusaufgaben

a) 427 + 299 = _____

Erst 300 dazu, dann 1 weg ...

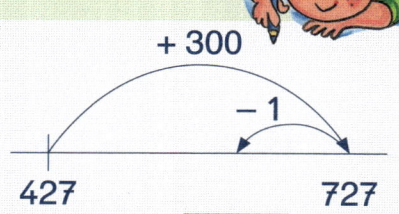

+ 300

− 1

427   727

_____

b) 356 + 397 = _____

356

c) 568 + 296 = _____

568

d) 273 + 198 = _____

273

② Minusaufgaben

a) 532 − 198 = _____

Erst 200 weg, dann 2 dazu ...

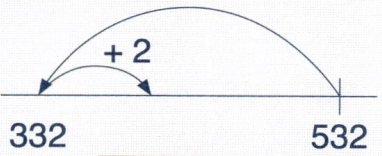

− 200

+ 2

332   _____   532

b) 445 − 299 = _____

445

c) 672 − 397 = _____

672

d) 964 − 598 = _____

964

1 **Richtig oder falsch?**

a)
$$240 + \ 50 = \cancel{245} \quad 290$$
$$320 + \ \ 6 = 326 \quad ✓$$
$$411 + 200 = 600 \quad \underline{\hspace{2cm}}$$
$$532 + 120 = 552 \quad \underline{\hspace{2cm}}$$

b)
$$565 + \ 30 = 595 \quad \underline{\hspace{2cm}}$$
$$743 + \ \ 3 = 773 \quad \underline{\hspace{2cm}}$$
$$607 + 300 = 637 \quad \underline{\hspace{2cm}}$$
$$446 + 210 = 646 \quad \underline{\hspace{2cm}}$$

c)
$$760 - 300 = 730 \quad \underline{\hspace{2cm}}$$
$$550 - \ 40 = 510 \quad \underline{\hspace{2cm}}$$
$$999 - \ \ 8 = 919 \quad \underline{\hspace{2cm}}$$
$$1000 - 290 = 810 \quad \underline{\hspace{2cm}}$$

d)
$$877 - \ \ 6 = 817 \quad \underline{\hspace{2cm}}$$
$$648 - \ 30 = 618 \quad \underline{\hspace{2cm}}$$
$$456 - 200 = 250 \quad \underline{\hspace{2cm}}$$
$$785 - 505 = 280 \quad \underline{\hspace{2cm}}$$

2 **Richtig oder falsch? Überprüfe auf deinem Weg.**

a) $389 + 247 = 536$ _____

b) $817 - 484 = 333$ _____

c) $465 + 398 = 863$ _____

d) $924 - 699 = 224$ _____

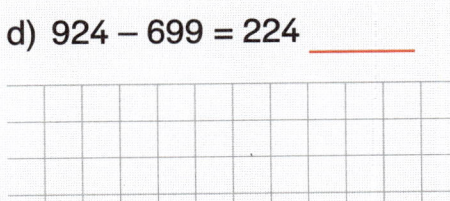

① Suche die Kinder im Bild. Kreise sie ein.

Hanna   Paula   Simon   Andreas

Lukas

Sarah

Florian

Laura

```
 273
+412
 685
```

① **Aufgaben ohne Übertrag**

```
B    236        304        417        427        803
   +312       +474       + 72      +362       +196
```

② **Aufgaben mit einem Übertrag**

```
B    355         38        256        834        732
   +438       +545       +337       + 49      +149
      1
    793
```

```
     462        396        254        686        561
   +256       +573       +685       +253       +256
```

③ **Achtung: zwei Überträge!**

```
B    357        236        635        593        489
   +469       +197       +298       +278       +364
     11
    826
```

```
     362        749        268        657        284
   +478       +191       +354       +274       +527
```

4 **Kreise ein und rechne.**

 ein Übertrag

 zwei Überträge

 ohne Übertrag

```
    2 5 3          8 7 5          3 6 2          4 3 8
  + 6 3 4        + 1 0 7        + 4 2 6        + 3 9 5
  ───────        ───────        ───────        ───────
```

```
    6 5 2          3 7 4          2 6 7          5 6 6
  + 2 8 9        + 4 9 3        + 3 2 1        + 3 5 3
  ───────        ───────        ───────        ───────
```

5 **Schreibe untereinander und rechne.**

321 + 253   612 + 367   205 + 97   624 + 287

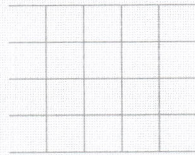  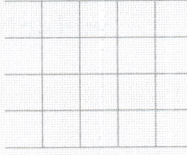

309 + 436   41 + 208   342 + 487   564 + 436

 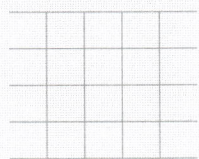 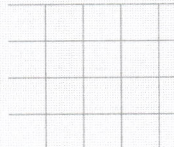 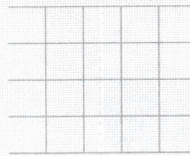

① Suche in jeder Aufgabe den Fehler.
Verbinde mit der passenden Lupe. Rechne richtig.

```
   327              364              512
 + 418            + 275            +  41
                      1
 ─────            ─────            ─────
   735              629              922
```

Übertrag /
Merkzahl
vergessen

Fehler beim
Rechnen
bis 20

falsch
untereinander
geschrieben

```
   438              469              364
 + 297            + 357            +  62
  1 1                1
 ─────            ─────            ─────
   736              726              984
```

② Rechne nur die Aufgaben, deren Ergebnisse
zwischen 400 und 800 liegen.

Ich schau mir
zuerst die
Hunderter an.

```
   3 2 7          4 3 6          5 1 8          3 0 8
 + 2 4 9        + 2 9 1        + 3 4 2        + 4 5 3
 ───────        ───────        ───────        ───────


   1 5 6          4 8 3          3 6 8          3 7 5
 + 2 0 9        + 3 1 6        + 2 5 4        + 4 5 6
 ───────        ───────        ───────        ───────
```

③ **Schreibe untereinander und rechne.**

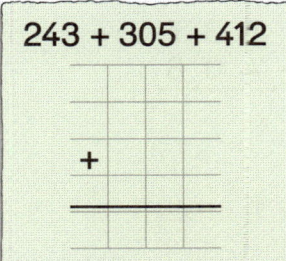

$$243 + 305 + 412$$

$$+$$

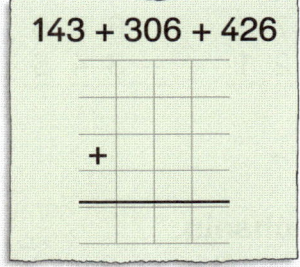

$$143 + 306 + 426$$

$$+$$

$$13 + 263 + 182$$

$$+$$

$$134 + 265 + 318$$

$$+$$

$$307 + 86 + 137$$

$$+$$

$$243 + 306 + 418$$

$$+$$

④ **Rechne immer nur die drei Aufgaben, bei denen …**

a) … genau 500 herauskommt.

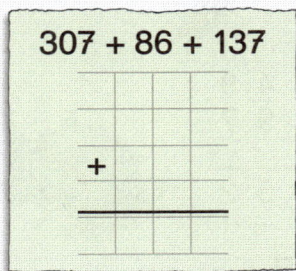

	2	8	6
+	2	1	4

	3	7	4
+	2	3	7

	1	8	3
+	3	1	7

	1	4	8
+	3	5	2

b) … genau 800 herauskommt.

	5	2	4
+	2	7	6

	3	1	8
+	4	8	2

	2	3	4
+	5	9	3

	6	2	5
+	1	7	5

c) … genau 1000 herauskommt.

	5	7	4
+	4	2	6

	3	5	7
+	5	4	3

	8	3	1
+	1	6	9

	4	2	8
+	5	7	2

$$\begin{array}{r} 987 \\ -234 \\ \hline 753 \end{array}$$

① Rechne.

$$\begin{array}{r} 5\ 4\ 6 \\ -3\ 1\ 5 \\ \hline \end{array} \qquad \begin{array}{r} 8\ 7\ 3 \\ -6\ 2\ 1 \\ \hline \end{array} \qquad \begin{array}{r} 6\ 6\ 6 \\ -3\ 4\ 5 \\ \hline \end{array} \qquad \begin{array}{r} 6\ 3\ 7 \\ -4\ 0\ 6 \\ \hline \end{array}$$

② Hier musst du wechseln.

Du kannst die Aufgaben auch so lösen:

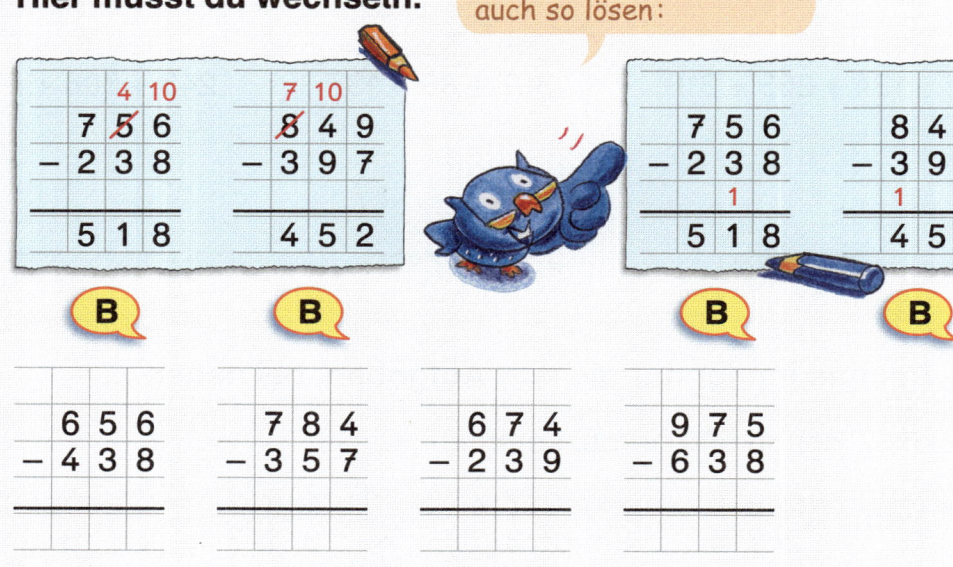

B **B** **B** **B**

$$\begin{array}{r} 6\ 5\ 6 \\ -4\ 3\ 8 \\ \hline \end{array} \qquad \begin{array}{r} 7\ 8\ 4 \\ -3\ 5\ 7 \\ \hline \end{array} \qquad \begin{array}{r} 6\ 7\ 4 \\ -2\ 3\ 9 \\ \hline \end{array} \qquad \begin{array}{r} 9\ 7\ 5 \\ -6\ 3\ 8 \\ \hline \end{array}$$

$$\begin{array}{r} 6\ 5\ 6 \\ -4\ 7\ 3 \\ \hline \end{array} \qquad \begin{array}{r} 7\ 5\ 4 \\ -3\ 8\ 2 \\ \hline \end{array} \qquad \begin{array}{r} 6\ 1\ 9 \\ -3\ 5\ 4 \\ \hline \end{array} \qquad \begin{array}{r} 9\ 3\ 8 \\ -6\ 7\ 3 \\ \hline \end{array}$$

③ Achtung: Hier musst du zweimal wechseln.

$$\begin{array}{r} 6\ 2\ 5 \\ -3\ 4\ 7 \\ \hline \end{array} \qquad \begin{array}{r} 8\ 0\ 1 \\ -5\ 4\ 7 \\ \hline \end{array} \qquad \begin{array}{r} 6\ 8\ 4 \\ -5\ 9\ 7 \\ \hline \end{array} \qquad \begin{array}{r} 4\ 7\ 2 \\ -3\ 9\ 6 \\ \hline \end{array}$$

4 Kreise ein. Rechne.

 einmal wechseln

 zweimal wechseln

 nicht wechseln

```
  6 3 4
- 3 5 2
───────
```

```
  8 6 4
- 5 4 1
───────
```

```
  9 0 3
- 4 2 6
───────
```

```
  7 3 8
- 4 9 3
───────
```

```
  8 6 2
- 3 4 2
───────
```

```
  8 3 6
- 5 4 2
───────
```

```
  4 6 2
- 2 8 5
───────
```

```
  9 4 7
- 6 2 4
───────
```

5 Schreibe untereinander und rechne.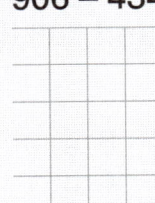

427 – 215

614 – 253

906 – 434

813 – 57

764 – 87

908 – 327

411 – 246

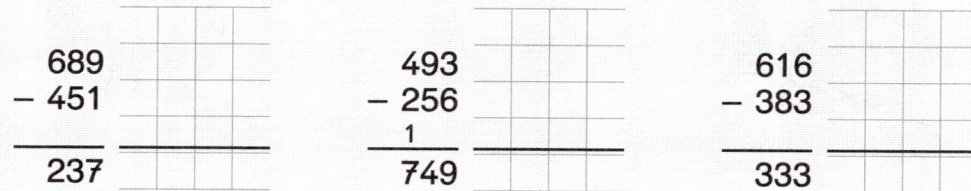

① **Suche in jeder Aufgabe den Fehler.**
Verbinde mit der passenden Lupe. Rechne richtig.

```
  689            493            616
- 451          - 256          - 383
               1
─────          ─────          ─────
  237            749            333
```

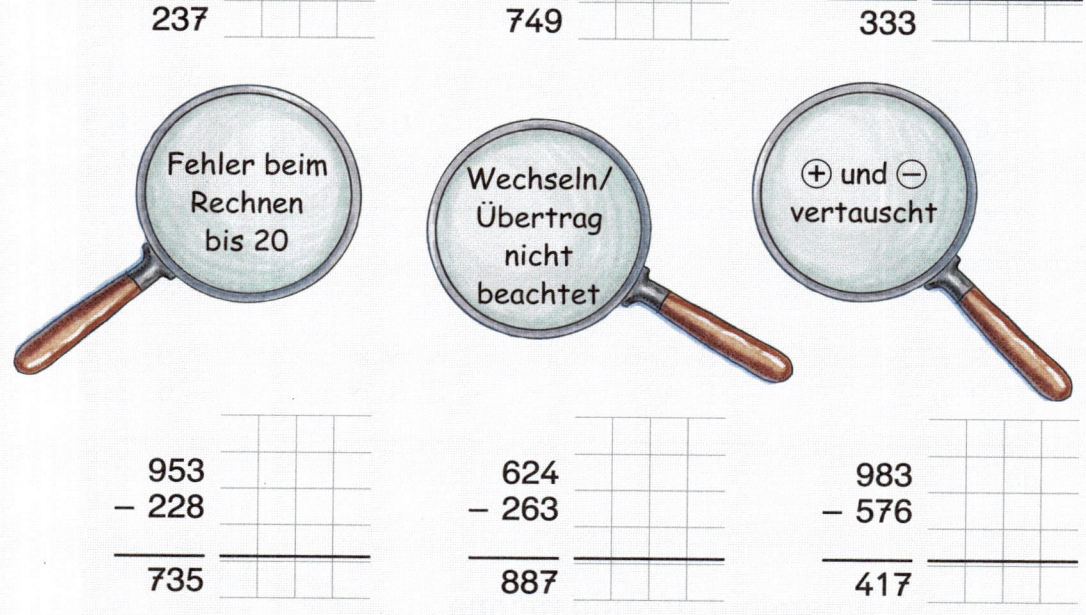

Fehler beim Rechnen bis 20

Wechseln/ Übertrag nicht beachtet

⊕ und ⊖ vertauscht

```
  953            624            983
- 228          - 263          - 576
─────          ─────          ─────
  735            887            417
```

② **Rechne nur die Aufgaben, deren Ergebnisse**
zwischen 300 und 600 liegen.

Wie viele Aufgaben kann ich mir wohl sparen?

```
  8 4 3        5 5 4        9 1 6        8 3 4
- 4 3 1      - 1 3 3      - 1 8 7      - 3 4 2
─────────    ─────────    ─────────    ─────────
```

```
  9 9 9        7 4 8        6 3 8        4 5 6
- 6 6 6      - 2 2 9      - 2 8 7      - 2 1 3
─────────    ─────────    ─────────    ─────────
```

1 **Ordne den Körpern Namen und Eigenschaften zu.**

| Kegel | | 3 Flächen |

| Zylinder | | 1 Fläche |

| Kugel | | 2 Flächen, 1 Spitze |

| Würfel | | 6 Flächen, alle gleich |

| Pyramide | | 5 Flächen, 1 Spitze |

| Quader | | 6 Flächen, immer 2 gleich |

Mit der Umkehraufgabe ist es gar nicht schwer.

Welche Ziffern sind verdeckt?

1

```
   ○ 3 6        4 5 ○        4 1 ○        5 ○ 2
 + 4 5 ○      + ○ 1 7      + ○ 0 2      + ○ 0 ○
 ─────────    ─────────    ─────────    ─────────
   6 8 8        7 6 9        7 1 8        8 8 5
```

```
   ○ ○ ○        ○ 5 1        1 8 ○        ○ 6 ○        5 4 6
 + 3 8 2      + 4 ○ ○      + ○ ○ 7      + 4 2 2      + ○ ○ ○
 ─────────    ─────────    ─────────    ─────────    ─────────
   7 9 9        7 8 6        7 9 8        7 8 9        6 9 8
```

2

```
   7 7 6        5 8 ○        ○ 3 6        8 6 ○
 - ○ 2 ○      - ○ ○ 2      - 7 ○ ○      - ○ ○ 3
 ─────────    ─────────    ─────────    ─────────
   3 5 3        1 5 2        1 2 2        4 6 2
```

```
   ○ 7 ○        9 ○ 7        6 3 ○        4 7 8        ○ ○ ○
 - 5 ○ 3      - ○ 5 ○      - ○ ○ 7      - ○ ○ ○      - 5 1 4
 ─────────    ─────────    ─────────    ─────────    ─────────
   1 3 5        3 3 3        2 3 2        3 2 2        4 2 4
```

Das geht doch nur mit Übertrag oder Wechseln.

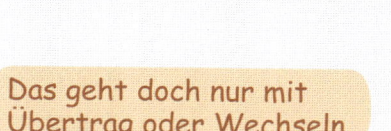

3

```
   4 1 ○        ○ 5 4        5 4 2        ○ 5 6
 + ○ 2 7      + 5 8 ○      - ○ 2 ○      - 2 6 ○
 ─────────    ─────────    ─────────    ─────────
   9 4 3        8 3 7        2 1 8        1 9 4
```

1 Streiche alle Netze durch, die keinen Würfel ergeben.

2 Welches Netz passt zum Würfel? Kreise ein.

	H	Z	E
6 · 1			6
6 · 10		6	0
6 · 100	6	0	0

1

7 · 10 = 70	7 · 100 = 700
4 · 10 = ___	4 · 100 = ___
8 · 10 = ___	8 · 100 = ___
9 · 10 = ___	9 · 100 = ___
5 · 10 = ___	5 · 100 = ___

	H	Z	E
600 : 1	6	0	0
600 : 10		6	0
600 : 100			6

2

70 : 10 = 7	700 : 100 = 7
40 : 10 = ___	400 : 100 = ___
80 : 10 = ___	800 : 100 = ___
90 : 10 = ___	900 : 100 = ___
50 : 10 = ___	500 : 100 = ___

3 **Zu welchem Haus geht Bim?**
Rechne und zeichne den Weg ein.

62

1

3 · 5 = _____

3 · 50 = _____

30 · 5 = _____

6 · 7 = _____

6 · 70 = _____

60 · 7 = _____

3 · 9 = _____

3 · 90 = _____

30 · 9 = _____

9 · 8 = _____

9 · 80 = _____

90 · 8 = _____

9 · 7 = _____

9 · 70 = _____

90 · 7 = _____

7 · 5 = _____

7 · 50 = _____

70 · 5 = _____

2

15 : 5 = _____

150 : 5 = _____

150 : 50 = _____

15 : 3 = _____

150 : 3 = _____

150 : 30 = _____

12 : 4 = _____

120 : 4 = _____

120 : 40 = _____

32 : 4 = _____

320 : 4 = _____

320 : 40 = _____

42 : 7 = _____

420 : 7 = _____

420 : 70 = _____

56 : 8 = _____

560 : 8 = _____

560 : 80 = _____

3

B

120

3 · 40

30 · _____

2 · _____

20 · _____

180

3 · _____

30 · _____

2 · _____

20 · _____

1 **Merke dir die Figur und zeichne sie nach.**

Und so wird's
gemacht:

Merke dir eine Figur
aus der linken Spalte.

Falte das Blatt entlang
der gestrichelten Linie.
Decke die Figur zu.

Zeichne sie rechts
nach.

Kontrolliere das
Ergebnis.